U0879321

当今形势下现代大学生思想政治教育的多维透析

喻 俊 著

中国纺织出版社

内容简介

世界政治经济形势的变化与发展，现代网络媒体技术的不断升级与进步，学术领域的不断创新等都对正在成长中的当代大学生的思想产生着或明显或潜在的影响，因而高校大学生思想政治教育仍然肩负着历史的重任，本书将立足当今我国的基本国情，对当代大学生思想政治教育从历史、理论、方法、过程、规律、模式、原则到网络多媒体、生态学研究等进行一个全方位的多维透析，内容力求全面、系统，富有逻辑性。结构合理，条理清晰，内容丰富新颖，语言清晰流畅，是一本值得学习研究的著作。

图书在版编目（CIP）数据

当今形势下现代大学生思想政治教育的多维透析 / 喻俊著. --北京 ：中国纺织出版社，2019.1

ISBN 978-7-5180-4493-1

Ⅰ. ①当… Ⅱ. ①喻… Ⅲ. ①大学生—思想政治教育—研究—中国 Ⅳ. ①G641

中国版本图书馆 CIP 数据核字(2017)第 318469 号

责任编辑：武洋洋　　责任印制：储志伟

中国纺织出版社出版发行
地址：北京市朝阳区百子湾东里 A407 号楼　邮政编码：100124
销售电话：010－67004422　传真：010－87155801
http：//www. c-textilep. com
E-mail：faxing@c-textilep. com
中国纺织出版社天猫旗舰店
官方微博 http：//www. weibo. com/2119887771
北京虎彩文化传播有限公司印制　各地新华书店经销
2019 年 1 月第 1 版第 1 次印刷
开本：710×1000　1/16　印张：11. 125
字数：252 千字　定价：60.00 元

前　言

在国家发展和民族复兴的进程中，大学生都是毋庸置疑的主力军。思想政治教育的成功与否将会影响到国家和民族的未来。随着国内外形势的不断变化，大量西方文化思潮和价值观念的涌入，大学生思想政治教育面临的冲击和挑战也非常大，如何解决大学生思想中存在的诸多问题成了当前思想政治教育面临的重大课题。笔者撰写《当今形势下现代大学生思想政治教育的多维透析》一书，其目的就是希望本书能为大学生思想政治教育贡献绵薄之力，同时也起到一个抛砖引玉的作用。

本书内容共分为七章。第一章主要是对思想政治教育的范畴与价值进行分析与探讨，分别从思想政治教育的范畴、思想政治教育的个体和群体以及思想政治教育的价值三方面展开论述；第二章阐述的内容为大学生思想政治教育的理论基础和功能，具体可将其分为大学生思想政治教育的理论基础、思想政治教育的本质地位和思想政治教育的功能三部分；第三章的内容为大学生思想政治教育的环境与载体，从环境和载体方面对大学生的思想政治教育的影响进行论述；第四章的内容为大学生思想政治教育的过程，可以细分为大学生思想政治教育的过程概述、大学生思想政治教育过程中的表现和大学生思想政治教育中的规律三部分；第五章主要是对大学生思想政治教育的内容展开分析，可分为大学生的“三观”教育、大学生的民族精神教育以及大学生的公民道德和素质三部分；第六章讲述的是大学生思想政治教育与“中国梦”，分别从“中国梦”与国家社会的建设、“中国梦”与人民生活以及“中国梦”对当代大学生思想政治教育的引导三部分展开阐述；第七章也是本书的最后一章，探讨的是大学生思想政治教育在新媒体时代的突破，主要内容为大学生新媒体素养的突破、思想政治教育工作者的新媒体突破、高校教育部门在新媒体时代的应变以及大学生新媒体时代的思想政治教育展望。

本书在撰写过程中吸收了大量学者对大学生思想政治教育的理论与实践研究成果，但由于时间与精力有限，在撰写过程中虽力求完美，仍然存在疏漏与不足之处，望专家学者与广大读者批评指正，以使本书更加完善。

作者

2018 年 9 月

目　录

第一章　思想政治教育的范畴与价值

思想政治教育学的一个非常重要的内容就是能够明确自己的范畴，这同时也是学科确立和发展的重要基础之一。众所周知，思想政治教育的对象具有相对特殊的性质，这也是决定思想政治教育学范畴多样性的重要因素之一。

思想政治教育的价值，是表征思想政治教育的社会作用和社会地位，体现思想政治教育声誉的重要尺度。它反映了思想政治教育对国家成长、社会发育、组织发展和人的全面发展等社会主体综合需求的满足关系和促进程度，它从历史与现实相统一的角度证明自身存在的必然性和合理性。

第一节　思想政治教育的范畴

一、范畴及其特征研究

范畴一般是指某一学科的最高概念或最基本的概念，它是人的思维对客观事物的本质属性、相互关系和活动状况的概括反映和抽象表现。任何学科都有自己的范畴，如经济学中的价值、商品，政治学中的权力、人民，法学中的权利、义务，伦理学中的善、恶，哲学中的物质与意识、偶然性与必然性、现象与本质、内容与形式等，都是这些学科的范畴。在所有学科范畴中，哲学范畴又是属于最基本、最普遍，可适用于任何事物的基本范畴。

通常情况下，范畴是人们在社会实践当中通过不断的总结逐步概括出来的结果，经过人们的不断改造和创新逐渐演化为人们认知世界和改造世界的工具。列宁曾经指出："在人面前是自然现象之网。本能的人，即野蛮人没有把自己同自然界区分开来，自觉的人则区分出来了。范畴是区分过程中的梯级，即认识世界的过程中的梯级，是帮助我们认识和掌握自然现象之网的网上纽结。"

范畴具有以下主要特性：

1. 范畴的涵盖性与精到性

范畴的涵盖性主要指一些学科的基本范畴之内涵由于其所涵盖的领域十分广大而使其边界变得相对比较模糊，用现行话语来说就是范畴具有对质性的界定功能，但同一范畴不可能在量的界定上具有精确的功能体现。这种主要对事物范围、涉及领域及其质性判定的功能，反映出人们运用一定范畴认识事物本质、把握事物变化发展趋势的某种内在需求。

与此同时，人们认识事物又有明确精准的需求，因此，范畴又需要具有精到性，它是指人们通过范畴能精确而细致地把握事物的本质及其活动规律，廓清事物之间的种差，把握事物发展程度的一种特征。这也就是人们研判事物既需要有质的范畴，又需要有量的范畴的缘故。范畴的运用必须具有贴切与精准性，使人感到恰如其分，无过而无不及，才能使人们更好地认识事物。为了达到这种目标，人们就会将一定数量的同类范畴建构成一个体系，它由一系列基本范畴、主要范畴、小范畴（即大概念）、小概念所组成，并且这种范畴体系成为一个等级系列。

2. 范畴的抽象性与具体性

范畴作为概括和反映客观事物的本质及事物之间普遍的本质联系的思维形式和思维工具，具有抽象性的特征，即具有从无数的直接性、多样性、对立面双方既对立又统一的具象中概括、提炼和抽象出一定共同性与普遍性的属性。这种抽象最初的表现就是运用言语。在语言中，人们必须要用一定的范畴、概念等工具，但这些工具对事物本质及其相互间的本质联系的反映程度、抽象程度和概括事物的范围有相当的区别，它们并不处于同一思维层次和认识阶段，因此，范畴又被人根据其抽象性、概括性的程度不同而区分为基本范畴、重要范畴和具体范畴，或高层次范畴、中层次范畴和低层次范畴等。同时，真理从来就是具体的，它是能够通过一系列的范畴和概念加以表达的，范畴就是一个由不同层次、不同表现形态、不同作用的范畴、概念构成的体系，具有抽象性与具体性相统一的特征，因此它也能够完成真理展开的内在要求和现实任务，真理的具体性与范畴的具体性是一致的。

二、思想政治教育学中范畴的价值

在范畴研究史上，古希腊的亚里士多德被认为是最先研究了范畴的人，他将范畴区分为十类，即实体、数量、性质、关系、地点、时间、姿态、状况、活动、遭受。后来有不少哲学家提出过各种不同的范畴体系，如康德把十二个范畴归纳为量、质、关系和样式四类范畴。黑格尔更多地阐述了许多具体的范畴之间的关系及其演进趋势。今人也主张将范畴区分成主体的范畴、客体的范畴、主客体关系的范畴三类。各家分类标准不同，因此见解也有区别。

在思想政治教育学科中，人们也提出了不少范畴，并且也有学者对范畴做出了比较系统而精到的研究，如对范畴进行分类，将其区分为基本范畴、重要范畴和具体范畴，或高层次范畴、中层次范畴和低层次范畴等❶。但总体上看，人们对思想政治教育的范畴研究是比较薄弱的。根据思想政治教育范畴所反映和研究的对象不同，我们可以将它们分类为思想政治教育学的主体性对象和关系性对象两大类。思想政治教育学的主体性范畴也可以称为对象性范畴，它主要关注思想政治教育活动的对象——人的一些基本规定性，如人的本质的外化物——思想与行为，人在社会中的存在方式——个体与群体的特征，思想政治教育活动中的主客体间的关系——教育者与受教育者等。于是，人们就不得不研究思想与行为、个体与群体、教育者与受教育者等范畴。思想政治教育学的关系性对象主要指思想政治教育活动中的若干主要关系，如内化与外化、物质刺激与精神鼓励、表扬与批评、灌输与疏导等。考虑到控制篇幅的需要，我们在此不对上述的范畴做全部解读，仅就思想与行为、群体与个体两个基本范畴进行分析。

三、思想政治教育学中范畴的作用

思想政治教育学范畴对于学科确立、学科建设、学科的社会声誉等都具有重要作用，这些作用主要表现在范畴是学科的基石、范畴是学科的分析框架、范畴是学科的话语体系和叙事方式等方面。

（一）范畴是学科的基石

众所周知，任何理论、学说或学科都是建立在一套相应的范畴、概念体系和假设前提的基础之上，这种范畴、概念体系基本规定了研究的边界与空间，形成了研究的基本方式，规定了研究的意义与价值，生成与其他学科交流渗透的机制。而在这种范畴、概念体系中，必然存在着最基础、最根本、最重要的基础范畴与核心范畴相统一的“基石”，我们且将它称

❶ 张耀灿，徐志远. 现代思想政治教育学科论［M］. 武汉：湖北人民出版社，2003

为基本范畴。范畴对于学科的重要性而言，应该既是基础的，又是核心的，两者是统一的。

（二）范畴是学科的分析框架

作为分析外部世界的工具，思想政治教育学范畴是思想政治教育学科本质的理论表现方式，它通常形成一个体系，这种体系不仅是学科赖以自我表现的众多概念群的存在方式，而且成为一种解释外部世界与沟通外部联系的工具与方法。这种工具与方法集中表现为一种独到的分析框架，这种分析框架仿佛一张网，其中范畴就是网结，它们起着分析要素及尺度的作用。

（三）范畴是学科的话语体系和叙事方式

学科范畴作为一个体系，它的固化可以培养人的思维方式，并且它总是在形式上表现为一定的概念、词语等，加上其他副词，它们通过一定程序和方式组成了话语体系或言语方式。因此，我们不仅要看到范畴的分析作用，即研究作用，还需要认识范畴的表达作用或叙述作用，即我们这里所说的话语体系和叙事方式。

第二节　思想政治教育中的个体和群体

思想政治教育的对象是人，而人总是以个体或群体的状况出场，于是群体与个体及其相互关系就成为思想政治教育学研究的基本范畴之一。

一、个体行为与思想

按照行为的意义不同，可分为生理性行为、操作性行为和价值性行为。生理性行为是指个体为满足自身生理需要而产生的行为，它有较大的自发性。操作性行为是指人们在外界因素刺激下逐步习得的行为。价值性行为是指人们在与他人或社会发生联系时所表现出来的对他人、对社会有意义（或有用）的行为，属于这一类行为的主要有政治行为、道德行为、经济行为、法律行为、文化艺术行为等。

按行为与目标的关系可分为目标直接行为与目标间接行为、目标持久行为与目标改变行为。目标直接行为是指直接满足需要和达到目标的行为，目标间接行为是指与当前目标暂无关系，而为将来满足需要做准备的行为；目标持久行为是指在目标没有达成之前不会改变行为方式的行为，而目标改变行为是指人们为了最终达成目标，经常变换行为方式。

从社会交往角度可将行为分成“匿名交往”行为与“非匿名交往”行为两类。“匿名交往”行为是指交往双方互不相识，而“非匿名交往”行为的主体相互间是知名知姓、相互了解的。

从利益相关性角度还可将行为分成交易合同行为与非交易合同行为两类。在市场经济条件下，人们的大量行为表现为交易合同行为。交易合同行为的双方讲究利益共享和利益回报。然而，人们大量发生的还有非交易合同行为，这种行为主要是讲究义务，如家庭成员之间所发生的行为主要是非交易合同行为。

笼统地说，人的行为是由思想动机引起的。但不是人的所有思想动机都会引发行为。一般来说，思想动机转化为行为会受到以下两个因素的制约：

第一，一定的文化观念、价值准则的作用。思想动机形成以后，能不能表露出来，要受到价值准则的判断，如果思想动机符合或基本符合社会公认的价值准则，就具有表露的可能性，相反，则可能消退或采取内心潜伏的形式。当然，不良思想动机有时会不顾社会价值准则的制约而顽固地表现出来，形成不良行为，那将会受到社会和他人的谴责。

第二，合适的行为方式选择。即思想动机转化为行为必须通过选择相应的行为方式。如果思想动机找不到合适的行为方式，它就可能消退或放弃，或者转换新的动机。例如，某人客观上需要钱，从而产生一定的动机，但他必须比较和选择各种行为方式：首先，通过文化观念和价值准则的“过滤”，他可能会排除各种不正当的获得钱的方式，选留一些正当的行为方式；其次，通常从和“身份”即自己社会地位相适应的角度出发，选择一种被社会和他人所认可、自己又力所能及的行为方式去达到预期的目的。

至于人的潜意识与行为的关系问题，也应引起人们一定的重视。

二、群体理论

群体研究历来是人们比较关注的问题，并在研究过程中形成不同的特点。从总体上看，我们把这种研究特点主要看作由苏联学者的研究文献和西方社会心理学家的研究文献两大类所构成，即两者在关于群体的内涵界定、群体的分类、群体研究的方法等方面都有不同的特点。在西方社会心理学中，分析群体的形成与发展水平的主要变量是群体规范、群体构成、沟通状况、领导方式等，而在苏联社会心理学中，分析群体的发展水平主要考虑两大因素，即共同活动内容对人际关系的中介水平和共同内容的社会意义。

（一）群体的内涵

可以认为，苏联学者与西方学者对群体内涵的界定是有区别的，由于内涵界定不同，他们眼中的群体类别也不同。相比较而言，苏联学者对群体内涵的界定比较粗犷，于是他们所界定的群体既可以包括假设群体（即统计学意义上的分类），也包括现实群体；在现实群体中既包括实验群体，又包括自然群体；在自然群体中既包括大型群体（如阶级、民族等），也包括小群体；在小群体中既包括正在形成的群体，也包括群体发展的最高形态——集体。可见，这种群体是一个内涵十分丰富、边界十分宽泛的概念，它主要指“为了确认的目标而相互作用的人们的共同体，即客观上表现为动作主体的共同体”，即是进行社会活动的主体的共同体。这一定义的核心，是将群体看作是为实现共同目标而进行共同的社会实践活动的共同体，在其间，共同的社会实践活动是形成群体意识与群体心理的基础，并且只有在共同的社会实践活动中，才发生群体对个人的影响，因此，群体实际上是一种社会实践活动体系。西方学者对群体内含的界定比较精细，综合起来看，他们主要是将群体看作是一个在心理上相互认知、在行为上相互影响、有共同奋斗目标的人群集合体。因为需要相互认知，所以群体规模就不可能太大，于是他们主要研究小型群体。这一定义的核心在于突出群体成员之间发生社会关系有其动力驱使的特征，勒温的群体动力学理论是突出代表。

而苏联学者的意见则更倾向于社会实践活动与社会关系的纽结，突出了群体运动学与动力学相结合的特征。内涵界定的不同，对群体的判定也就会带来一定的差异。相对而言，美国学者的观点有助于廓清某一群体的边界，因为按照勒温的观点看，群体应该具有群体动力学的特征，它是一个群体成员之间发生着多样化关系的人群集合体。如果以此比较的话，群体绝不是对若干个纯粹发生着个体性思维与行为（活动）的个体进行简单的人数叠加，而是一个在心理上与行为方面存在着广泛交往和相互影响、相互制约的社会关系系统。这样的话，我们对某些群体可以称之为群体，如大学生中的某个兴趣爱好组、某个联谊会等，但有些则难以简单地称之为群体，如贫困大学生群体、学习困难者群体等。

因为这些所谓群体的成员并没有形成相互间彼此影响、彼此制约的群体心理与群体规范，也就是没发生实质性的社会关系，它实质上就是苏联学者所指的“假设群体”。同时我们也要看到苏联学者所持观点的合理性，即他们更多倾向于将群体的形成看作一个过程，即现实群体最初可能由假设群体逐步演变而成。这种运动学的观点也会给人们以丰富的想象力，依据物体运动中存在的匀速和变速，人们可以考量许多的相关变量。同样，在群体形成和变化过程中，涉及构成群体的若干个体之间，以及个体与群体的相互作用方式问题，包括他们之间发生着怎样的社会关系等许多错综复杂的因素。仅就某一群体成员思想特点的产生与变化来看，我们不能将这种思想看作是若干个体思想状况的简单叠加，相反，它们应该是该群体中所有成员的思想心理相互作用、相互影响之后的产物。如果这些学生新兴群体确实是群体的话，那么这些不同群体就会有不同的群体规范、群体压力、群体行为常模等（当然也存在着一些共性的特点）。

（二）群体研究的方法论演进

可以认为，不同学科对群体研究呈现不同的方法与视角。最初对群体研究感兴趣的是普通心理学，它习惯于把群体作为其内部发生个体行为的特殊媒介来看待，如群体环境、群体情境等。换言之，在这种语境下，群体主要是作为影响个体心理与行为的一个外部刺激源。后来，社会学倾向于研究群体的构成、结构、类型、性质。而社会心理学则主要研究群体同它的各个成员之间的相互作用，研究社会共同体与群体、群体之间、群体与成员之间，以及群体内部成员之间的交互作用等。

这些不同学科的研究方式之间的区别，也可以从群体研究的历史中得到说明。人们通常意识到有那么几个阶段特点，第一阶段，大约为 20 世纪初到 20 年代，当时主要关注个人在群体环境中的活动特点，其理论上的成果主要体现在提出“社会助长作用”或“社会促进作用”等方面。第二阶段主要指 20 世纪 20 年代到第二次世界大战结束，主要关注群体中个人之间的相互作用，其理论成果主要表现为霍桑试验所提出的人际关系理论、群体行为常模等。第三阶段主要指第二次世界大战后到 20 世纪 70～80 年代，当时主要关注群体特征、群体对个体影响以及个体之间相互作用的类型等，在这种过程中形成了以美国为首的团队精神研究和以苏联学者为主的集体主义研究，两者各有特点。尽管目前由于人们对西方文化的熟悉程度比较高，以致有些忘却曾经熟悉过的苏联学术文化。但文化历来讲究传承关系和传统由来，因此我们也不应该忘记苏联学者曾经拥有过的学术思想，至少在学术思想梳理的历史中应该有他们的一席之地。在群体研究理论中，有关群体的最高发展阶段——集体的论述，显然就是属于这样的理论，它与美国学者今天表述有关团队建设的理论同样引人注目。

三、群体心理的若干表现

群体一旦形成，就会产生群体心理。它是在群体活动中，在群体成员相互作用的条件下形成、发展与起作用的。群体心理是群体的重要特征，包括群体的需要、利益、观点情绪、情感、信念、动机、舆论、传统、价值定向等，其中，团结性（或称凝聚力）和群体心理气氛是群体心理的综合特征。

（一）群体舆论的影响

群体舆论是在群体的利益、奋斗目标与任务一致的基础上，在其成员的交往过程中形成的、有关该群体及其成员的生活和活动一切方面的相对稳定的观点与意见的总和。换言之，群体舆论是在群体成员通过共同活动、经历共同事件后，在产生相似社会态度的基础上形成的共同意见，群体舆论一开始总是关涉到那些直接或间接影响到群体利益的事件、事物、活动和人的了解，在此基础上，它又明确地表示出群体成员对这些事物与人所采取的态度，包括赞成或不满、高兴或愤怒等，但它又不是仅仅表征着群体中少数人甚至个别人的态度与意见，而是指群体大多数成员在对有争议事物和人物的问题上形成的共同意见。

群体舆论的形成未必一定是人们知性的产物。人们已经认识到，群体舆论的形成，可以来源于群众自发，也可以来源于有目的的引导。无论是哪种来源的群体舆论，在其表现形式上都可能采取显在性舆论和潜在性舆论两种表现形式。显在性舆论是指群体大多数成员可以通过明确的态度及言语方式表现出来的舆论，它往往具有相当的说理性，并且这种群体舆论的来源主要源自有目的的引导。而潜在性舆论是在群体成员私底下散布、但又态度一致的共同意见，它主要针对群体的领导者或者更外部的刺激物，它往往带有明显的情绪性，如群体牢骚、不满等。群体舆论有其不可忽视的影响：第一，充当着群体的特殊“领导人”，对群体言行起着某种定向标尺的作用，同时在相当程度上调节着（加强或削弱）实际领导者的领导功效。第二，舆论的同化和放大效应，即群体舆论往往具有同类群体容易扩散的特点。在群体中，发生同质化是最方便、最经济、最安全的一种策略，因此它常常被人们所运用，尤其是在群体中一般成员面对那种由上级领导所引导的未来公共意见的情况下，大家都愿意随“大流”。[1]

[1] 李钊. 社会心理学［M］. 南京：南开大学出版社，1984.

从过程视角说明群体舆论的形成也是一个不可忽视的问题，因为它有助于人们培育群体舆论。一般而言，群体舆论的形成过程大约经历以下阶段：首先，人们直接经历事件，而这种事件往往具有触动人们的利益、撩拨人们的神经，或者勾连起人们对往昔痛苦经验的回忆等特征，从而引起人们对其产生个体性评价；其次，个人意见超越个人意识的领域而进入群体意识的界域，即个人间通过各种形式进行意见交往、信息比对、情感交融等；再次，经过群体成员的态度磨合之后，最后形成比较统一的大多数人的共同意见。在舆论形成的过程中，意见由个人意识领域进入群体意识领域，并展开讨论或辩论，被人们认为是群体舆论形成的关键环节。因此，关注群体讨论的倾向性和真实性，成为形成积极群体舆论的关键。在这种过程中，“意见领袖”也是一种不可忽视的群体心理现象。

（二）群体团结性的影响

群体的团结性是制约与影响群体成员的重要因素和重要机制。我们需要了解团结性的实质和团结性形成的主要条件。

人际关系理论最早把群体团结性理解为群体内人际关系发展水平较高的一种状况，或者是人际关系发展的一种结果，而人际关系的好坏主要来源于人们情感上是否相互认可。后来，费斯廷格在勒温理论的影响下，认为团结性是指群体对所属成员发生作用，使他们留在群体内的所有力量之和，而这种力量是指群体对个体的吸引力，或成员对群体的满意感。诚然，这一观点还是把团结性看成是群体成员情感偏好方式的某种特征。后来，T・纽科姆在解释团结性时提出了一个新概念，即群体成员必须有相似的、对他们有某种意义的价值定向。这就无疑将团结性看作是一种价值认同状况。苏联学者倾向于认为团结性的基础是群体的共同活动，即群体的共同活动是群体的主要整合基础。在这方面，彼得罗夫斯基的理论无疑是表达团结性的重要工具。

如今，学界对团结性（或凝聚力）形成条件的理解越来越丰富，同时共识也越来越明显。大家普遍认为，制约群体内聚力形成和变化通常与下述因素有很大的相关性，如群体规模、群体成员对群体的依赖程度、领导方式、群体内部的信息沟通方式与状况、奖惩体系、外部压力状况等。

（三）群体传统的影响

社会有社会的传统，集体或群体也有自己的传统。而对传统的理解，可以做内容性理解与功能性理解两种解释。从内容看，传统就是由历史沿传而来的思想、道德、风俗、习惯、艺术、生活方式、规范、制度等，是社会所积累的经验。换言之，传统指一定的社会规定、行为准则、思想、习俗和活动仪式的总和。从功能看，传统是巩固、保持、传递和再生产社会经验的机制，它通过一定的舆论、信念与习惯而发生作用。

对传统的作用，我们必须坚持两分法，即一方面，要看到传统的局限性，尤其是在飞速变化的时代和变革的社会中。因此，任何传统都不可能原封不动地全盘照搬和继承，而必须进行选择和改造。另一方面，传统又是社会生活的组织和自我组织的重要因素。历史证明，人们的实践成就和社会的发展，在很大程度上又取决于他们遵守传统和对传统推陈出新相结合的程度，传统是人们世代相传的社会联系形式之一。

于是人们又不能简单地否定传统和割断社会积累而来的经验。由此人们在社会实践中总是认真而谨慎地处理着诸如“文化传统”与“传统文化”的关系，既不会绝对恪守传统文化的一切要则，也不会轻易抛弃传统文化中应该传承的那些优秀的文化传统。对待群体传统的态度也同样如此。

群体传统就其一般功能来说，通常具有以下作用：第一，传统作为群体中一种交往机制，有助于促进共同体形成。即遵守传统可以帮助进入现有的社会关系，接受传统本身就是进入现存社会关系的表征。而这种社会关系不是行为主体能够自由选择的结果，而是社会环境和自我相互作用的产物。在人们的选择中，经常会面临着安全与自由两者的关系权衡，古代稳定性社会有安全但缺乏自由，现代社会有自由而缺乏安全，人们常常通过长期的比较而倾向于选择安全而“逃避自由”。在这种情况下，传统就是一种重要的价值选择标准。第二，作为一种巩固和保持原有社会经验的机制，群体传统起着巩固群体意识的水平和稳定群体心理的作用。而群体心理的稳定通常有助于群体行为的有序。第三，群体传统作为一种再生产社会经验的机制，它具有实践的品质，因此群体传统常常成为教育与训练群体成员的一种途径和内容，并且在这种发挥教育作用的过程中，它又会根据新的社会条件与群体成员的新需求衍生出新的群体规范要求，更重要的是，群体成员一旦知晓与接受了群体传统，就会使传统成为群体成员进行自我教育的因素，使群体传统规范、定型和制约着群体所属成员的言行。

（四）群体的社会心理气氛

群体心理气氛也是影响群体成员心理与行为动机的一种重要因素和机制，可简称群体心理气氛，它是指群体中各种思想观点、社会情感、情绪、愿望和意志的有机融合，表现为一定的风尚、价值观念、观点、定势和规范等。群体心理气氛一般是通过人们心理情绪的性质表现出来的，这种心理情绪可能是积极的或消极的、连贯的或混乱的、一般的或热烈的，但群体心理气氛与群体心理情绪又不完全相同，因为群体心理情绪常常带有经常变化和难以捉摸的因素，而群体心理气氛指的是人群中占优势的情感情绪的变化状况。

人的情绪情感是人们对客观现实的一种特殊反映形式，是十分复杂的心理现象。国外心理学界常把情绪与情感概括地称作感情，而国内心理学家认为情感与情绪既有联系又有区别。情绪大多与人的自然需要相关联，“一般来说，情绪是由一定的条件所引起的，具有较大的情境性、激动性，大多比较短暂和不稳定，随着特定条件的变化或转移而迅速改变或消失”。而情感大多与人的社会需要相联系，“情感相对于情绪来说，具有较丰富的内容，较深沉的内涵，具有较大的稳定性、持久性、深刻性和隐蔽性，而较少冲动。例如荣誉感、责任感、义务感、羞耻、良心等都属于情感范畴”。我国心理学界一般将高级情感分为道德感、理智感和美感三大类。

在实际生活中，人们的一些情绪遇到某些与他们切身利益或经验感受紧密关联的事件会被激发出来，甚至表现得十分强烈。而情绪的最大特点是感染力特强，处于同一社会情境中的人们通过各种相互交往方式和途径，很容易发生情绪相互感染，从而形成群体情绪。而这些个人情绪和群体情绪又总是同各种意见（观点或看法）结合在一起发生作用。

（五）各种因素的交互影响

可以认为，群体是连接个体与社会两者的“桥梁”和中介。从意识的产生和扩散的过程看，一方面，它遵循着个体意识—群体意识—社会意识的演变路径，即意识的发生最初总是表现为一个一个的个体通过社会活动或社会实践，经历具体的事件并获得认知，即产生个体性的意识。这种个体意识最初可能是感性认识，经过一定时间的抽象概括，形成了理性认识即产生个体意识的最高表现——理论观点。

如果个体意识仅仅停留在个体意识的领域，那么它永远不能转化为群体意识和社会意识。因此，个体意识必须跨越个体意识的领域进入群体领域，即通过群体活动进行意识的交流扩散。一旦某个体的意识（包括经验、见解、思想、理论观点）能够被群体所接受，那么这种原本属于个体的思想观点就转化为群体意识。也许最初的群体意识覆盖领域也是属于小范围的，但群体成员通过各种传播手段和社会实践活动不断扩散，逐渐地，这种原本属于某一群体的意识，包括认识和态度、观念和观点，逐渐被其他群体所接纳，甚至被更多的社会成员所采纳，这就开始转化为社会的意识。换言之，这种过程是一种经由个体化—小众化—走向大众化的路径，其中小众化成为重要的中介。另一方面，从社会意识的扩散路径看，它遵循着社会意识—群体意识—个体意识或由社会意识直接转化为群体意识和个体意识的路径。社会意识中有相当一部分是由历史传承所既成的，它们成为人们无法先天选择的社会文化环境的一部分，但又必须经由人们的后天选择（甄别、认同、接受等）。这部分社会意识的传递，大量通过先征服某种关键群体，然后再经由这种关键群体逐步扩散到征服其他群体。在这种过程中，征服这种群体的关键又在于征服能够影响该群体的核心人员或“意见领袖”，也成为一种通常模式。

群体心理与个体心理和社会心理的关系也是一种交互作用的状况。一方面，个体在一定的社会环境和社会实践活动中产生个体心理，包括认知、情感、意志、信念、需要、动机、态度等，它是行为的动力之一。如果这种个体心理缺乏社会交往和相互影响，也就属于个体心理的范畴。如果人们组成了群体，若干个体心理相互作用，就形成群体心理。

群体心理是由该群体所属成员在一定的环境中相互交往、相互作用、相互影响而产生的集群心理，它不是对若干个体心理的简单叠加或累积，也不仅仅是群体成员间的交互作用所致，而是群体成员在某种社会环境因素刺激下、经由人们相互间模仿、认同、争议等活动之后所形成的共同心理反应，这种群体心理反应状况可能成为群体行为动力之一。

这种心理动力的顺利实现的经验模型越多，人们社会学习的习惯就会形成，即经由刺激——反应的过程而凝聚的动力定型就会形成。例如，在如今的社会争端处理中，少数社会成员老是奉行“小闹小解决、大闹大解决、不闹不解决”的心理，从而导致过激行为的发生，这种状况实际上是一种社会学习的结果，并且是一种反向社会学习的产物。这种心理一旦在实际上得到事实强化，就会不断蔓延扩散，由群体心理逐渐转变为社会心理。另一方面，社会心理具有重要的参照系和标杆作用。人们为了寻找甚至增加自己行为的合法性依据，一定会找寻超越自身的更大范围的行为理由和心理支撑基础，这种时候的社会心理状况就成为人们心中仿效的目标或摹本。因此，社会心理的扩散和弥漫就成为一桩十分迅捷的事，无数个体乃至群体都成为某种社会心理的积极扩散者和传递者。尽管这种社会心理的扩散可能会呈现出缓慢浸润式、匀速弥漫式或快速覆盖式等不同形态，但社会心理与群体心理、个体心理相互间的联系是不能忽视的。

第三节　思想政治教育的价值

思想政治教育的价值，是表征思想政治教育的社会作用和社会地位，体现思想政治教育社会声誉的重要尺度。它反映了思想政治教育对国家成长、社会发育、组织发展和人的全面发展等社会主体综合需求的满足关系和促进程度，它从历史与现实相统一的角度证明自身存在的必然性和合理性。

一、思想政治教育价值

形成的基本要素人们通常谈论价值，但什么是价值以及根据什么来判断价值，却并不是一个十分清晰的问题，在不同的学科中，价值的内涵也有所区别。那么，思想政治教育价值的含义是指什么呢？

（一）价值的含义

在大多数社会科学学科（这里不包括经济学科）中讨论价值，基本上是指哲学意义的价值，它的涵盖范围非常广泛，可以指一切人、事、物以及活动的作用和意义。说到底，价值是哲学上表示关系的一个范畴，即指是必须说明的。就哲学研究的传统而言，主客体之间的关系通常表现为认识与被认识、改造与被改造。现在依马克思所讨论的视角看，无疑指出了第三种视角，即满足与被满足的关系，即“价值这个普遍概念是从人们对待满足他们需要的外界物的关系中产生的”。这里所指的外界物，既包括自然界，也包括作为客体表现的人及其相互关系，还包括人类的各种实践活动。因此，价值实质上反映了一定客体属性对主体需求的满足关系，在这种满足关系中，客体本身的属性是形成价值的客观基础，而客体的属性对主体需求的满足程度等，就成为判断价值大小的主观尺度，价值实际上是主客观的统一，反映了主客体之间的一种关系。

在讨论思想政治教育的价值时，我们是将思想政治教育作为客体看待，而社会主体是指代表一定阶级、阶层、社会集团、个人需求、意志与利益的国家、政府、政党、社会组织、各种群体以及个人等。同时，要研究两者的满足关系，必须首先明了思想政治教育的基本属性，研究各类社会主体的有关需求，然后才有可能说明两者之间是否具有满足关系，以及这种满足关系的紧密程度和牢固程度。

（二）思想政治教育的属性

思想政治教育作为人类社会一项重要的实践活动，它的产生与发展总是社会需求的产物。这种实践活动所蕴含的基本属性，是社会历史长期发展和经验积淀的结果。换言之，不同社会、不同阶级，其共同之处是都不放弃思想意识形态的控制，然而由于各统治阶级的阶级属性不同，又决定了它们控制方式的性质也不同，使得各阶级所拥有的“思想政治教育”的属性又有所区别。一般而言，思想政治教育的基本属性如下。

1. 教育性和说服性

由于思想政治教育的阶级属性所决定，使同一阶级的成员基于意识形态的统一性而容易沟通思想与情感，形成阶级共识，统一阶级意志。在这一过程中，尽管该阶级的领导阶层需要经常运用行政、法制、政治等手段来实施管理，但由于利益协调和组织工作的需要，任何阶级在使用硬控制手段的同时，对本阶级所属成员更需要用大量的说服性、教育性的软控制手段——思想政治教育——去不断发展阶级成员的阶级共识。

2. 阶级利益、阶级意志的代表性

即表达属性。任何社会中统治阶级的思想，也是该社会中占统治地位的思想。一定社会的意识形态，总是具有鲜明的阶级性，集中代表了该统治阶级的利益追求。而该社会的被统治阶级也总是力图通过政治、思想等形式来表达自己的阶级利益和阶级意志。这种阶级利益和阶级意志的表达性，使得思想政治教育成为各阶级的重要斗争“武器”。当然，思想政治教育对一定利益、意志的表达程度与表达方式可能存在着丰富的样式和方式，这些不同样式和方式的表达功能也可能各不相同：即有些方式对一定利益和意志的表达比较直接和强烈，有些则间接和委婉；有些比较全面和完整，有些则零星和部分；有些比较显性，有些比较隐蔽等。

3. 实践性

即不断升华阶级经验为科学理论，不断转换阶级精神为阶级行为。思想政治教育是一种重要的精神—实践形式，这种形式的主要功能是实现“物质变精神”和“精神变物质”。由于思想政治教育的这一特殊属性，决定了不同社会性质的不同阶级都需要运用一定的思想政治教育去提升阶级的自我意识，统一阶级意志，调适阶级内部的各种矛盾和冲突。

（三）社会主体的需求

考察社会主体的需求，可以有两个不同角度。从抽象角度看，就是以社会为整体来分析它的基本需求状况，这种需求是一个不断变化、不断发展与丰富的体系，其中有现存的需求，也有潜在的、待发育的需求。

从具体角度看，社会的主体需求大致表现为四种主体的需求：第一是国家方面的需求，主要包含着执政党、政府进行社会管理与促进国家成长等方面的需要；第二是社会发育方面的需要，包括社会组织的发育与发展、社会自治功能的增长，当然也包括民族崛起和繁荣的需要等；第三是组织、群体的需要，包括各种地缘性与业缘性团体的发展需求，团体需求是由组成该团体的所有成员相互作用的产物，它不同于所有个体需求的简单叠加，而是一种与个体需求不同的新的需求；第四是个体的需求，这里所指的个体需求，是指在“这一个”“那一个”基础之上的无数个体的共性需求。本书讨论的社会主体，主要是从抽象角度出发的，但也包含着对不同社会主体的特殊需要的分析。

社会主体的需求是一个不断丰富发育的体系，社会发展越高级，社会主体的需求体系就越丰富。因此随着物质生产的发展，人们需要精神生活和精神生产，“随着城市的出现，必然要有行政机关、警察、赋税等，一句话，必然要有公共的政治机构，从而也就必然要有一般政治”。在社会需求体系不断丰富的同时，社会个体的需求也在不断发育。

总括地看，社会的主体需求，可以分成物质需求、精神需求与综合需求三大类。所谓的综合需求是指融合有物质需求和精神需求的一种复合性需求，如发展需求、文明需求、真善美的需求等，这些需求的对象，既可以是物质性的东西，也可以是精神性的东西。对思想政治教育来说，它无疑应注意研究社会主体的物质需求，更要侧重研究社会主体的精神需求和综合需求。当然，社会主体的精神需求和综合需求的表现是极为丰富的，满足这些需求的社会实践方式也是多种多样的，其中包括思想政治教育。为了易于说明问题，我们在此主要抽取与思想政治教育活动直接关联的精神需求和综合需求加以阐述。然而，比较困难的问题是：如果我们将社会主体看作是国家、社会、群体和个体四类的话，它们的需求中存在着共同因素，也存在着相异的因素。如果说对它们需求中的共性还可以做初步分析的话，那么，要想进一步对它们中的无数特殊的、个性化的需求做出切实分析的话，将是一件十分困难的事，至少在目前十分艰巨。即便是分析它们的共性需求，也会存在着许多相异的地方。因此，我们的分析就不得不粗略一些。

1. 稳定的需求

一个社会主体要谋求发展，其基础条件是先求得稳定，因此稳定是任何社会主体的最基本的需求之一。稳定需求可依社会活动的不同层次有不同的体现。从诸多社会主体稳定需求的共性来说，首先，表现为对社会制度的稳定需求，即社会必须保持其基本经济制度和基本政治制度的确立和稳固，这是根本大局，也是表征社会性质和政权性质的重要因素。其次，表现为社会活动秩序的有序。在基本经济政治制度确立的基础上，体制和机制成为保障社会正常运作的重要“经络”，它们具体化为社会活动秩序的合章法。这种社会活动的有序表现在社会生活的方方面面，主要有：政治活动与社会政治生活的合法性和合理性；经济活动的平稳有序；社会文化活动的健康活跃；社会公共生活的舒适安全等。再次，表现为社会活动规范和规则的相对稳定性。任何社会都需要有一系列的行为规范和规则以约束社会集团、群体和个人的行为，这种社会需求在社会转型期表现得特别明显。一方面，社会转型使一些社会规范受到挑战而使人们对这些规范的作用力发生怀疑，但新的规范和规则的产生需要一个过程；另一方面，社会主义市场经济的发育，极大地拓展了人们的活动领域，这些新的活动领域急需规范和规则约束而目前却处于规范“真空”阶段，于是便产生了大量变动与稳定的矛盾。最后，表现为社会心理与社会心态的稳定。在社会稳定的诸需求中，社会心理与社会心态既是对其他稳定因素的反映，是其他稳定因素的产物，同时又反过来对其他层面的稳定因素起反作用，这种反作用有积极和消极之分。积极的社会心理，如社会情感、社会态度、观点、观念、愿望等有助于整个社会祥和安宁，而消极的社会心理与社会心态不仅使社会处于紧张、浮躁之中，而且会影响社会活动秩序等正常运行。

2. 精神发育需求

这是一个社会对其自身和对其成员精神文明发育和建设的基本要求，也是建设社会物质文明的重要保障条件。它包括丰富的内容，既指希望社会成员掌握历史承续而来的精神成就物的总和，以及享有这些精神成就物的程度不断提高，还指发展和创造新的精神成就物等。社会的精神发育需求，突出表现在两大方面：首先是希望发展科学文化教育事业，通过发展科学、教育、文学艺术、新闻出版、哲学社会科学等事业，不断满足人民群众日益增长的精神文化需要，不断提高民族素质，促进经济发展和社会全面进步。而这些事业的发展在满足了人民群众精神文化需要的同时，又会不断产生与丰富新的精神文化需求，并对科学文化教育事业提出更高的发展要求，这一需求是永无止境的。其次，希望努力提高全民族的思想道德素质。一个民族一刻也不能没有理论思维，因此发展理论思维与坚持用科学理论指导实践，成为社会发展进程中的重要精神需求；同时社会发展需要有正确的价值导向、道德保障以及一系列的精神动力，这些构成了社会的精神需求的体系。具体而言，社会主体的精神发育需求是丰富多彩的，它不仅表现为精神本身的种类繁多，而且表现为诸多社会主体的多样区分。前者主要表现为科学精神、人文精神、反思精神等，甚至更具体的精神如敬业精神、爱国主义精神、上进精神、艰苦奋斗精神、追求卓越精神等，一个社会主体不能仅仅拥有一种精神而缺乏其他精神。后者主要指中华民族及其各民族、各种社会机构和社会共同体（如近年来开始凝练的城市精神）、企业组织以及无数个体，他们都有精神发育发展的内在需求。

3. 政治需求

这是社会主体对制度文明发展的基本需求，更进一步说，是希望通过确立更好的制度形态来保障既得的利益和争取更大的未来的利益。

不难理解，政治的核心是权力。而权力的核心是利益。在能够表征利益的诸多社会意识形态中，政治无疑是最直接、最集中、最彻底的一种方式，正如列宁所认为政治是对经济的最集中表现的见解那样。于是，任何社会主体想充分表达自己的利益诉求和争取自己的利益，就不能不运用政治的方式，而谋求通过制度形态稳定地表达和保障利益是政治需求的最高表现。要看到，政治是一个内涵不断丰富的概念，它包括阶级之间的斗争，也包括处理与调谐阶级、阶层间的关系。政治需求状况是标志一个社会文明发展程度的重要参数，也是衡量该社会民众综合素质高低的重要标志。由于政治在诸多社会意识形态中居于特殊的地位和有其独特而丰富的表现形态，并且又是对经济的集中体现，于是对不同的社会主体来看，对政治的需要已成为一种普遍现象，对国家来说，其政治需求大体表现为获得民众的政治拥护、政治权威认同、民众的政治活动积极性的提高、政治参与及其开展等。对民众而言，政治需求大体表现为获得政治权利、谋求政治保护、反映合理的政治诉求等。对社会而言，它需要发生政治影响，而不至于在与政府的关系上落下风，社会团体也需要具有政治资源以谋求发展。诸多社会主体都有丰富的政治需求。

4. 沟通和缓解矛盾的需要

一个社会要形成一体化，相互沟通与交往是必不可少的。这种沟通从形式上看可以是多方面的，如阶层之间的沟通、干群之间的沟通以及群众之间的沟通等。为了做好社会沟通工作，不仅需要对沟通的全程进行组织，如沟通内容、沟通方式、沟通程序的总体安排，而且需要对沟通的具体步骤进行有效的布置，于是，有关沟通信息的组织、信息内容的解释、沟通“语境”的通译，都需要有专人从事；同时，对于信息的发散、选择合适的沟通渠道、防止沟通通道障碍以及“译码”错误的纠正等也成为一种专门的社会活动领域。

人们更应看到，社会沟通历来是双向的，即传者与受传者并不是严格固定的。一方面，传者发散信息、联络情感是一种输出，而受传者接收信息或有关符号所表达的意思是输入；另一方面，受传者对所接受的信息总会表示一定的态度，这也是一种输出，而传者应关注受传者表达出来的态度、愿望、观点，这是一种输入。在社会沟通中，这种双向的“输入”和“输出”是十分重要的，舍此就无法实现社会沟通。人们也注意到，任何社会的阶级、阶层、社会集团以及成员间，由于利益差异、社会地位不同以及沟通原因等因素，都会发生程度不一的矛盾，尽管不同社会的矛盾有其不同的性质，但客观地看，缓解社会矛盾和调解矛盾总是社会的常规性课题。在社会主义社会，人民内部矛盾是非对抗性的，表现却是大量的、多种多样的。其集中表现为干群矛盾、阶层间利益冲突等。而缓解这些矛盾需要做大量的解释、斡旋甚至必要时对有关资源进行重新配置，以及对社会关系做重新调整。这些活动与思想政治教育都存在着紧密关系。

以上仅仅是枚举了与思想政治教育实践活动有紧密关系的社会主体的若干需求情况的共性，至于社会物质文明发展的需求，其满足与思想政治教育之间也存在密切联系，在此就不做专门论述了。值得注意的是，不仅社会主体的需求体系是十分丰富与不断发展的，而且不同社会主体的需求之间还可能存在着矛盾甚至冲突，这些矛盾在社会资源包括教育资源匮乏的情况下，此矛盾会表现得更加突出与尖锐。

尽管人们目前对这些不同社会主体需求之间的矛盾或冲突状况还缺乏深入的研究，但这种矛盾状况甚至冲突状况是不容忽视的，因为它们与思想政治教育的价值形成有着密切的关系。

（四）思想政治教育的客观属性与社会主体需求的关系

一般说来，对于思想政治教育价值的评价，大致依据以下参数。

第一，思想政治教育属性或功能满足社会主体需求的程度，即满足程度。这通常是从质的方面所做的评价，较难从精确量化的要求加以衡量。就这一意义来说，人们通常认为“满足”是一个虚词，即较难用精确的比例数来表示多少算满足，多少又算基本满足，多少算不满足。它只能是一个比较模糊的社会常量。

第二，价值（作用或功能）的共享程度。一般来说，共享程度高的事物或活动的价值较大，反之则较小。仅以这一参数看，思想政治教育可能存在着比较复杂的情况。大致如下：首先，思想政治教育能同时满足多个社会主体，如既包括国家与政党，也包括社会、团体乃至个体的若干的需要，这种情况是价值共享程度最高的表现；其次，思想政治教育只能满足多个社会主体的某一方面的需求；再次，思想政治教育只能满足某个社会主体的若干个需要，两种情况是价值共享程度中等的表现；又次，思想政治教育只能满足某个主体，如国家与政党的某些需求，却无法兼顾满足其他社会主体的需要，如仅仅注意满足国家与政党的需要，而忽视社会与广大民众个体的精神需要，这种情况是价值共享程度较低的表现。

第三，价值（作用或功能）的持久程度，即思想政治教育作用的持久性问题。这种情况实际上可以界分为两种现象，首先是一次满足，终身受用，仿佛原先的儿童注射天花疫苗，可以对天花终身免疫一样。思想政治教育作为精神生产力的一种表现形态，不像物的价值形态，多半会随着使用时间的增加而逐步丧失其内在价值，当某物的使用价值完全耗竭，它的价值也就丧失（少数物品的收藏价值除外，但这种价值已与其使用价值完全脱离，仅仅是以艺术价值的形态作为存在方式），而思想政治教育则可能会随着有效活动的不断开展而不断延伸和扩展它的价值，它的内在价值在于不断激发人的内在动机，调动人的积极性，并使其创造出难以计量的精神价值或转化为源源不断的物质性价值。

第四，价值（作用或功能）的可替代程度。一般说来，一个低的价值可以被较高价值的东西轻而易举地替代，而不可替代的东西往往是最有价值的东西。对思想政治教育价值的评价也同样如此。可以认为，思想政治教育的价值评价不是以自我评价为尺度的，而主要是看社会评价。从社会需求及其满足角度来看，思想政治教育与社会主体的需求之间是有满足关系的。在目前，这种满足关系也是社会其他活动方式所无法取代的。从社会选择的角度来说，任何社会对其所属的职能配置都有一个不断遴选的过程。首先，社会需要是职能配置的前提，没有相应的社会需求，任何人为的、一厢情愿式的职能配置最终是没有出路的。其次，社会对其所属的职能配置都有一个按其功效发挥程度为标准的使用过程，其间也发生着“用进废退”的现象，即有效的社会职能会随着社会实践的进展而不断加强和改善，不论人们对此是轻视抑或诋毁；而无效的社会职能则会逐渐消退，无论人们如何千方百计地去维护它也无济于事。从现实生活看，社会主义精神文明建设、思想政治教育显然是属于第一种情况，即它们在社会进步中发挥着不可替代的作用。近年来，随着市场经济体制的发展，物质文明建设的成果不断涌现，人们对加强社会主义精神文明建设的需求也日益强烈，就是一个突出的例证。

二、思想政治教育价值的表征

由于思想政治教育价值的多样性，决定了人们可以依据不同的分类标准对思想政治教育的价值进行分类。依据思想政治教育一般功能进行基本分类，可划分为思想政治教育的认识价值、激励价值和调控价值；依据思想政治教育的作用对象不同，可划分为思想政治教育的社会价值、集体价值和个体价值；依据思想政治教育价值的内容来分，可划分为思想政治教育的政治价值、经济价值和文化价值。我们这里主要就思想政治教育的具体内容价值和功能价值进行分析。

（一）思想政治教育的具体内容价值

对思想政治教育的具体价值，可依不同的分类标准做不同的分类，并且每种分类标准各有其不同的特点。依思想政治教育所影响和作用的对象看，不仅有作为个体而存在的社会成员，而且有大量的社会群体和共同体（集体），还有包容性很大的社会。

1. 思想政治教育的文化价值

主要表现在改变不合时宜的旧政治文化、塑造新的政治文化、培育与发展民族精神、构建精神家园等方面。在今天，我们要特别重视发展民族自我意识和民族精神，构筑中华民族的精神家园。

精神家园是一个民族开展精神生活、进行精神活动所必须具有的基本依托和最终归宿，它一般由理想、信念、信仰、哲学理性等因素所构成。哲学理性通常表征着人们的哲学思想境界，它不同于人们所具有的哲学知识境界，后者主要表明人们掌握多少哲学知识，而前者指主体有机运用哲学知识进行思考、判断、分析的那种动态境界，它会充实或调整人们的理想、信念、价值观等因素，容易形成具有共识的理想、信念或相近的价值观念，哲学理性是一个民族精神家园的中流砥柱。这里的理想是指一个民族对自己发展远景的构想或憧憬，表征着一个民族的志向与抱负。而信念是指一个民族的大多数成员所具有的思想意识的一种重要表现方式，是人们心理活动过程中的一种重要机制，它是认知、情感和意志三者的融合。

信念不仅仅表现为理想、价值和意义等本身，更重要的是表现为对这些理想、价值和意义的高度确认、确信和严格遵从的一种心理状态。在信念的基础上，民族又可以形成一定的信仰。值得指出的是，在人们的精神活动中，信仰与理性是两类不同的精神现象，但两者并非绝对对立，而是对立统一的关系，两者构成一种张力场。信仰需要理性指导才不至于走向迷信、盲从与狂热；而信仰由于蕴涵着非理性的品质，所以有时会表征一种对理性的超越，即当理性无法解决问题时，往往由信仰发挥作用。

2. 思想政治教育的政治价值

思想政治教育的政治价值主要表现在促进政治认知、开展政治动员、加强政治沟通、进行政治整合、引导政治参与、提升政治生活质量等方面。这些政治价值都包含着丰富的内容及要求。我们在其中又特别重视政治认知、政治沟通、政治整合等活动的意义与作用。

思想政治教育的重要价值在于促进人们的政治认知。一般说来，对人们的政治认知状况可以从以下三个维度加以把握。

（1）掌握政治知识的多寡。

（2）政治认识的深浅。

（3）政治认知能力的强度。

这三个维度统合为一个整体。如果按照有关教育目标分类学的观点来看，我们也可以对政治知识（认知）做一定的分解，即通过了解政治术语（符号）、政治事实、政治倾向、政治分类范畴、政治原则、政治理论等环节而表现出来，并且将它们看作是一个相互衔接、连续进展的过程。

（二）思想政治教育的功能价值

思想政治教育与社会主体的需求满足之间有着密切的联系。这种联系从日常意识的水平上理解就是思想政治教育的地位和作用，这种地位和作用与特定的时间、地点、条件相统一，如革命战争时期强调思想政治教育是夺取战争胜利的保证；经济建设时期强调思想政治教育是一切经济工作的“生命线”，是实现现代化的保证。事实上，思想政治教育之所以在不同社会时期都能体现其作用，是因为它具有更一般意义上的功能价值。实践告诉人们，无论是个人，还是社会，无论是教育者，还是受教育者，只有深刻地认识到思想政治教育的一般意义上的功能价值，才能更充分地认识到它在特定时间、特定场合下的特殊作用。

思想政治教育作为客观存在的社会实践活动，其目的说到底是为了满足社会主体对“思想”及其活动形式的需要。而思想可以包括三个子系统，即动机系统、心理过程系统和观念系统。于是，教育者进行思想政治教育，或是为了激发人的动机，或是为了影响人的心理过程，或是为了给人提供某种观念或价值。受教育者是否接受思想政治教育，关键是看他的动机是否受到激发，他的心理过程是否受到影响，他的思想深处是否产生观念认同，他的行为方式是否发生变化。从这种意义上说，思想政治教育不外乎要达成三种目的，即形成正确的认识，激励人的动机，调控人的行为。因此，思想政治教育的功能价值，从最一般意义上说，可以分为调控价值、激励价值和认识价值。

1. 思想政治教育的调控价值

思想政治教育具有激发人的行为动机的功能，不能理解为人的一切行为都是由思想政治教育激发而产生的。人的行为产生的原因是十分复杂的，是由主客体之间的各种刺激反应构成的。从主体而言，他有多种需要和由需要所引起的多种动机；从客体而言，他处于各种环境因素的不断刺激之下，因而也会产生多种动机。无数个动机可能产生汇合成一个社会动机，从而产生巨大的社会合力；无数个动机也可能产生许多相互矛盾的行为，因为社会是由无数成员构成的，这么多的社会成员的多种动机和多种行为之间难免发生摩擦和冲突，这就要求社会具有一种协调功能。属于这种功能的社会调节杠杆主要有法律、道德和各种社会规章以及社会组织中的各种纪律，而在这些社会调节杠杆的作用过程中，无一不渗透着思想政治教育的作用。

思想政治教育之所以具有调控价值，尤其是突出表现在关系调控和利益调控方面，主要在于思想所集中反映的不是个别人的个人利益，而是某个阶层、某个阶级、某个社会的整体利益和公共利益；它包括个人利益，但又不等同于个人利益；它试图将个人利益和特定阶层的公共利益协调起来，但反对损害特定阶层公共利益的个人利益。尤其是作为代表无产阶级思想体系的思想政治教育，集中反映的是整个人类社会发展的利益，它与一切剥削阶级狭隘的阶级利益及自私性都格格不入。但它并不是否定个人利益，而是要将个人利益和社会公共利益置于一种公正而和谐的关系之中。因此，从思想体系来看，无产阶级思想体系和无产阶级的思想政治教育具有更大的调控价值。

2. 思想政治教育的激励价值

思想政治教育影响认识主体，使之形成正确认识，增强认识能力，这还是初步的目的，而最终目的是促使人们行动，这也是马克思主义对无产阶级思想政治教育目的的基本规定，即不仅要认识世界，更要改造世界。如果我们的思想政治教育不能达到这个目的，它就基本丧失了自身存在的价值。我们所说的思想政治教育的激励价值，是指思想政治教育具有激发人的行为动机、调动积极性的功能。所谓积极性，是指人对社会生活的一种主动态度，它是个人的内在力量、潜力用于社会和集体活动的最迫切的要求、兴趣、意图和愿望等的总和。人的积极性表现在日常工作和学习中，表现在社会公益活动、社会公共生活以及社会政治生活中。人的积极性不是与生俱来的，它的形成受到一系列的主客观因素的制约，其中思想政治教育起着重要的激发动机作用。

思想政治教育之所以具有激励价值，不仅是由于它能综合运用各种手段（如物质的和精神的）去直接调动人的积极性，而且是因为思想政治教育过程中所传导的思想内容具有激励作用。不难理解，任何思想内容及其理论体系都是人们的利益以及为这种利益而奋斗的过程之反映。思想是离不开利益的，理论的实现程度取决于它满足人们需要的程度。思想政治教育的激励价值正在于它本身是人们利益的集中反映。在教育方法、教育手段相同的情况下，是否反映人们的利益追求，成了思想内容能否产生激励作用的根本尺度。至于这种利益追求的具体表现，可能未必仅仅是物质利益，还可能表现为政治利益和文化利益等。

3. 思想政治教育的认识价值

思想政治教育的认识价值，是指人们通过思想政治教育不仅仅可以认识客观外界事物，而且可以更好地反思自己和认识自我，更能发展自己的认识能力。换言之，能够认识自然、认识社会、认识人自身，以及认识三者的相互关系，是人们区别于动物的标志，也是维持和发展自身的重要保证。然而，人们要认识自然、认识社会、认识人自身，以及认识三者的相互关系，需要不同的路径和方式。一般而言，自然科学知识有助于人们认识自然，而社会科学知识有助于人们认识社会，而哲学人文学科的理论知识则有助于人们更好地认识人自身。但人们既有的学科分类状况在促进人们认识客观世界和主观世界时，总使人感到缺乏一些能够凌驾于众多认识对象之间“边缘地带”之上、并且能够解释这些“边缘地带”状况及其活动的交叉学科知识。人们的这些认知新需求促使新的学科包括交叉学科、边缘学科的不断涌现，同时，这些由既有学科渗透融汇而成的交叉学科和边缘学科，也会随着人们社会实践的不断进展以及社会需要的凸显而不断发育。例如，近代从哲学中衍生出来的心理学，就是一个不断发展的学科，尽管心理学的学科属性一直被人们看作是一个很难归类的问题，一些人士甚至将它看作是一门既非自然科学又非社会科学的学科，但并不影响或阻碍它的不断发展。可见重要的问题不在于学科属性的归属问题，而在于学科本身是否有用。

事实证明，心理学的发展越来越兴旺，证明了它的发展正契合了社会需要的发展，并且有助于促进人们对社会和自身的认识，因此不难发现它具有认识价值。同样道理，思想政治教育学的学科属性也是一个引人关注的问题，它是多学科交融和科际组合的产物，兼有社会科学、人文学科、思维学科、心理学科、教育学科等众多学科的学科特征。这种多学科综合的特性大体内生了它具有促进人们认识社会、人自身以及跟自然三者相互关系之间“边缘地带”状况的功能。就目前的状况看，思想政治教育的认识价值主要体现在它的综合性和多样性特征方面，它所涉及的认识功能主要是运用一系列的概念和范畴，并通过发展和培养人们的世界观、政治观、人生观、价值观以及认识方法论等方式来实现。这种认识功能是其他学科所不具备的。

值得指出的是，强调思想政治教育的认识功能，并不意味着否定科学文化知识的教育。相反，要搞好思想政治教育，没有科学文化知识是不行的。但是，科学文化知识教育不能取代思想政治教育，如同思想政治教育不能取代科学文化知识教育一样。从一般意义上说，它们都是为了克服个体有限的认识能力与无限发展的客体世界之间的矛盾，但它们有所分工又相互协同。

第二章　思想政治教育的理论基础和功能

本章将从思想政治教育的理论基础、思想政治教育的本质及地位以及思想政治教育的功能这三个方面论述思想政治教育的理论基础和功能。

第一节　思想政治教育的理论基础

一、用完整准确的马克思主义指导学科建设

马克思主义是一个理论体系，它十分完整而且严密。对这一理论的整体性和系统性我们必须坚持，对教条主义、实用主义等不良倾向进行预防和克服，坚持以完整准确的马克思主义科学体系指导思想政治教育学的理论研究。

只有首先回答“什么是马克思主义，怎样坚持马克思主义”，即应该“坚持什么样的马克思主义，如何坚持马克思主义”这个首要的基本理论问题，才能对马克思主义的整体性有着更好地理解。

（一）坚持以完整准确的马克思主义为指导

（1）坚持马克思主义的本质规定性。马克思主义的实质直接反映在马克思主义的本质规定性上；坚持马克思主义的本质规定性是坚持马克思主义的基础。

（2）坚持马克思主义的基本原理。马克思主义的基本原理深刻地反映了马克思主义的本质规定性，属于马克思主义科学体系的基础内容。[1] 其中包括：马克思主义哲学所揭示的基本原理、政治经济学所揭示的基本原

[1] 它是指马克思、恩格斯及其继承者们创立和发展的、经受了社会实践反复检验所证明为真理的那些科学原理，即关于自然、社会和思维发展的一般规律，也就是马克思主义哲学、政治经济学、科学社会主义共同揭示的基本理论和基本观点。

理、科学社会主义所揭示的基本原理。[1] 在发展中，对马克思主义的基本原理一定要坚持，科学的解释这些基本原理需要联系正在不断发展的社会实际。

(3) 坚持马克思主义的基本特征。[2] 马克思主义的基本特征是分层次的。

①第一层次是马克思主义最本质的特征。[3]

②第二层次具体体现了第一层次的特征，也是第一层次特征的必然要求。[4]

坚持马克思主义的基本特征，需要坚持马克思主义的基本特征的第一层次和第二层次，并把两者进行有机的结合。只有做到如图 2-1 所示，才可以在坚持马克思主义基本原理的同时，对马克思主义进行不断创新和发展。

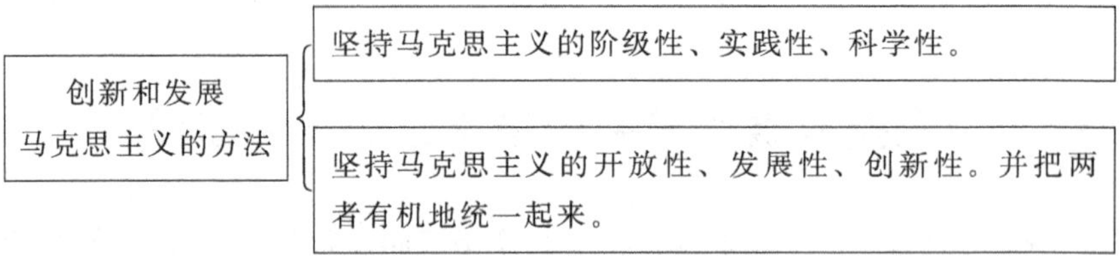

图 2-1　创新和发展马克思主义的方法

(二) 坚持以完整准确的马克思主义为指导的方法

(1) 必须坚持和巩固马克思主义在意识形态领域的指导地位。[5] 具体如下。

①对新形势下出现的相关理论应根据马克思主义的基本原理进行科学的批判，做出有充分说服力的回答。

②国内出现的问题很多，也给国人造成了很大的困扰。[6] 此时若想帮助人们解决困扰，应增强马克思主义的理论教育，与实际相结合，用马克思主义中国化的成果来装备人们的头脑。

[1] 如关于哲学基本问题的原理、反映论原理、历史决定性原理、劳动价值论、剩余价值论、所有制理论、阶级斗争理论、党的建设理论等。

[2] 马克思主义的基本特征是马克思主义的本质规定性和基本原理的外在表现，是马克思主义与其他思想体系存在根本区别的标志。

[3] 其中包括阶级性（党性）、实践性、科学性。

[4] 其中包括开放性、动态性（发展性）、创新性。

[5] 要勇敢地回应种种挑战和攻击，旗帜鲜明地捍卫马克思主义。

[6] 例如，经济关系多样化、经济利益多样化、组织形式多样化等。

(2) 对推进马克思主义中国化必须坚定不移。[1] 坚持真正的马克思主义，需要不断地发展中国特色社会主义事业，当解决中国重要的实际问题时，需要用马克思主义中国化的最新成果。

二、坚持以马克思主义中国化的理论成果指导学科建设

坚持马克思主义在意识形态领域的指导地位是中国共产党能够在国际形势发生急剧的变化时，可以坚守住的根本原因。在坚持马克思主义中发展马克思主义、在发展马克思主义中坚持马克思主义是中国共产党的优良传统，也是在21世纪仍然需要坚持的根本原则，并且它也是对待马克思主义的科学态度、发挥马克思主义创造活力的关键。

马克思主义必定随时代、实践和科学的发展而不断发展。究竟是从本本出发，还是从实际出发、用马克思主义的立场观点方法来研究和解决中国的现实问题，是一个关系着是否以科学态度对待马克思主义、能否发挥马克思主义创造活力的大问题。我党在长期的革命斗争中形成了理论联系实际的优良传统和优良学风，一直把是否坚持马克思主义的基本原理同中国革命、建设和改革的实践相统一作为党是否成熟以及成熟程度的标准看待。今天，我们建设有中国特色的社会主义，加强有中国特色的思想政治教育学科建设，仍然必须发扬这个优良传统。

一方面，要牢记马列主义、毛泽东思想的基本原理一定不能丢，丢了就会丧失根本。另一方面，一定要以我国改革开放和现代化建设的实际问题、以我们正在做的事情为中心，着眼于马克思主义理论的运用，着眼于实际问题的理论思考，着眼于新的实践和理论的发展。

三、马克思主义人学理论

马克思主义人学理论[2]包括人的存在论、人的本质论、人的发展论等基本内容。对这些问题的科学认识，有助于我们更好地把握思想政治教育学的理论基础。

[1] 江泽民同志指出："坚持马克思主义，要在解决实际问题的进程中来落实，要用实践的效果来检验。"

[2] 是马克思主义哲学的核心内容和实质部分，是思想政治教育学的重要理论基础和直接理论依据。

唯物史观以“现实的人”为观察、理解社会历史现象的前提和出发点。[1] 马克思关于“现实的人”的论断是对唯心史观“抽象的人”的否定。[2] 马克思所说的人是指处在现实关系和一定历史条件中具有鲜活生命、从事实践活动的人。马克思、恩格斯指出，“全部人类历史的第一个前提无疑是有生命的个人的存在”。有生命的个人的存在是形成“现实的人”的自然生物基础，但又不能把人的自然性简单归结为一般动物性。现实的人是有激情、有欲望的人，人的欲望不同于动物式的本能欲望，除客观本能一面外还有主观指向性的一面，受精神因素影响、为需要和利益所驱使。如果脱离人的社会实践和社会生活便不可能全面、科学地理解人的自然属性，会把人性降低为兽性，归结为动物的机能。正如马克思、恩格斯指出的那样，“人们为了能够‘创造历史’，必须能够生活。”第一个历史活动是生产满足生活所需要的资料，也就是生产物质生活本身，例如，吃喝住穿等。物质活动是这种活动的基本形式，它决定着一切其他的活动，例如，精神活动、政治活动等。马克思还指出：“人们在创造自己的历史时，是在过去继承的、直接碰到的、既定的基础上创造，他们不可以随心所欲，也不可以在他们自己选定的条件下进行创造。”

四、社会主义核心价值体系与和谐文化建设理论

2006 年 10 月，《中共中央关于构建社会主义和谐社会若干重大问题的决定》对有关和谐文化的建设问题进行了深刻的论述，即：构建社会主义和谐社会的重要任务是建设和谐文化。[3] 建设和谐文化的根本是社会主义核心价值体系；和谐文化建设理论是以社会主义核心价值体系为根本，它对社会主义精神文明建设理论进行了丰富和发展，既是对我党在社会主义初级阶段的文化建设纲领和理论的充实和完善，又清晰地展现出了时代特色，充分反映出了文化建设与经济、政治、社会、生态等方面建设的有机联系。思想政治教育是社会主义精神文明与和谐文化建设

---

❶ “现实的人”是在一定社会物质生活条件下从事活动的人，这种活动包括物质生产、精神生产、人自身的生产三个方面，其中物质生产是最根本的，是人类生存发展的第一个前提。

❷ 马克思认为历史只能是人的历史，但既不能像黑格尔那样，把人归结为“绝对精神”，看作抽象的精神存在物，又不能像费尔巴哈那样，把人仅仅看作具有肉体、情欲的“感性的对象”，孤立的抽象的个体。

❸ 是指倡导和谐价值取向和以和谐理念贯穿其中的文化现象和文化状态，是先进文化的重要组成部分和生动体现，是构建社会主义和谐社会的灵魂。和谐文化具有和谐性、人本性、整体性、历史性和永续性等特征，具有导向、凝聚、支撑、审美和陶冶等功能。

的基础工作，应当坚持以社会主义核心价值体系为指导，自觉担当起推进和谐文化建设的重任。在我国，和谐文化建设必须以社会主义核心价值体系为统领。

党的十六届六中全会通过的《中共中央关于构建社会主义和谐社会若干重大司题的决定》和十七大报告都深刻论述了社会主义核心价值体系的基本内容及其内在联系（图 2-2）。

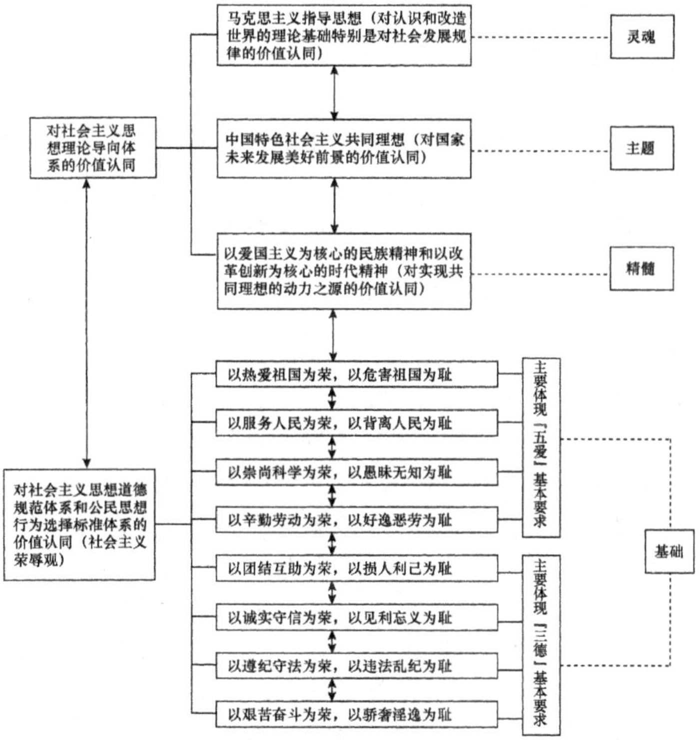

图 2-2　社会主义核心价值体系的基本内容及其内在联系

就高校而言，以社会主义核心价值体系引领和谐文化建设，要充分发挥思想政治理论课的主渠道作用，将社会主义核心价值体系教育作为根本内容贯穿始终；要把社会主义核心价值体系有关内容的教育有机地渗透到专业课程教学过程中；要深入持久地开展多种形式的主题教育活动；要运用各种媒体努力营造建设社会主义核心价值体系、建设和谐校园的舆论氛围；要抓住文明创建活动、重大节庆活动、学习道德模范、学生社团活动、公共文化服务等各种载体，推进高雅、和谐的校园文化建设；要大力开展社会实践活动，形成实践育人长效机制，引导大学生践行社会主义核心价值体系，强化养成教育；学校各级领导和每个教师都要为学生做出示范，在建设以社会主义核心价值体系为根本的和谐文化建设中发挥关键作用。

第二节　思想政治教育的本质及地位

一、思想政治教育的本质

为了使大家对本节内容可以更好地了解，我们将首先论述思想政治教育的本质，其内容包括意识形态的灌输与教化、通过提高人的思想道德素质为社会全面发展进步服务这两个方面的内容。

（一）意识形态的灌输与教化

马克思主义认为，事物的本质即事物的根本性质，是事物本身所固有的、决定事物性质、面貌和发展的根本属性。思想政治教育的本质即根本属性是什么，是目前学术界探讨的热点问题，存在许多不同的意见。我们认为，思想政治教育的本质是意识形态的灌输与教化。

思想政治教育与社会主导意识形态联系紧密，是向社会成员传导和灌输主导意识形态的重要途径。[1] 意识形态在阶级社会中具有非常明显的阶级性，其中，在社会中占据主导地位是统治阶级的意识。统治阶级为了维护自己的统治，往往通过各种形式和手段向社会成员灌输本阶级的意识形态，而思想政治教育就是其中最主要的形式。可以说，思想政治教育这一人类社会的实践活动，从一产生起就把进行意识形态教育作为自己的主要任务。思想政治教育的本质是社会主导意识形态的灌输与教化。

思想政治教育是指教育者把一定社会的思想观念、价值观点、道德规范转化为受教育者个体的思想品德的社会实践活动。一般说来，社会对人们思想品德的要求与人们实际的思想道德状况是存在差距和矛盾的，解决这一矛盾是思想政治教育的主要任务，要完成这一任务，就必须向人们进行社会主导意识形态的灌输与教化，使人们的思想品德向社会主导意识形态要求的方向发展。在某种意义上讲，思想政治教育过程，就是教育者实施社会主导意识形态的灌输、受教育者接受这种灌输并将社会主导意识形态内化的过程。

[1] 社会意识形态是系统地、自觉地反映社会经济形态和政治制度的思想体系，是社会意识诸形式中构成思想上层建筑的部分，表现在政治、法律、道德、哲学、艺术、宗教等形式中。

可见，思想政治教育具有鲜明的意识形态性，这种意识形态性集中体现为其主要任务就是对社会成员进行社会主导意识形态的灌输与教化。

马克思主义的灌输理论是由马克思主义经典作家对意识形态的灌输与教化的精辟论述所形成的。[1] 马克思、恩格斯除了创立科学社会主义学说之外，他们还对无产阶级和劳动群众进行科学社会主义理论灌输的实践活动非常重视并亲自参与。在领导俄国社会主义革命的过程中，列宁对社会主义意识只能从外部灌输到工人群众中去的原理进行了系统的论述，明确指出：工人的社会民主主义的意识并不是本来就有的。这种意识的获得只能是通过外面的灌输，如果工人阶级仅仅依靠自己的力量，那么他所形成的意识只能是工联主义的意识。这是通过各国历史所证明的。列宁还强调，摆脱资产阶级思想影响的基本前提是马克思主义的理论灌输，“对社会主义思想体系的任何轻视和任何脱离，都意味着资产阶级思想体系的加强”。因而列宁明确要求社会民主党人对工人阶级和广大人民群众灌输社会主义思想一定要坚持不懈。在长期的革命和实践的过程中，中国共产党一直对人民群众进行马克思主义理论灌输，并坚持不懈。在这期间，积累了很多宝贵经验，丰富和发展了马克思主义灌输理论。毛泽东指出：没有进步的政治精神灌输与教化在军队之中，没有进步的政治工作去执行这种灌输与教化，真正的长官和士兵的一致就不可能去达到，同时官兵最大限度的抗战热忱就不能够被激发出来。在新的历史时期，江泽民同志提出“以科学的理论武装人，以正确的舆论引导人，以高尚的精神塑造人，以优秀的作品鼓舞人”，体现了其特别丰富和深刻的灌输意蕴。党的十六大以来，党中央顺应时代发展的要求，对马克思主义的灌输理论进行了进一步的丰富和发展，根据中国的基本国情，又明确提出了武装广大干部和群众要用中国特色社会主义理论。马克思主义的灌输理论对思想政治教育的本质做出了深刻阐释，是思想政治教育的理论基础。

强调思想政治教育的意识形态灌输与教化本质的同时，并不否认思想政治教育也包含部分非意识形态内容的教育。意识形态[2]和社会意识[3]是既有紧密联系又有明显区别的两个概念。思想政治教育要全面提高人的思

---

[1] 在《哥达纲领批判》一书中，马克思揭露拉萨尔主义企图用陈词滥调和空洞的废话，来歪曲那些花费了很大力量才灌输给党而现在已在党内扎了根的现实主义观点。在这里，马克思明确地肯定把科学社会主义意识灌输到无产阶级中去是党的重要任务。

[2] 是社会意识中构成社会上层建筑的那部分内容，所反映的是特定阶级或社会集团的意志，是一种特殊的社会意识，具有鲜明的阶级性。

[3] 是指社会的精神生活过程，包括政治、法律、道德、哲学、艺术、宗教等意识形式和各种社会心理。

想道德素质，其内容以意识形态为主要内容，又包括一些非意识形态的思想道德内容。[1] 我们认为，在思想政治教育中，在坚持社会主义意识形态主导地位的前提下，注重非意识形态性内容的教育，既有利于满足人们精神生活全面发展的个性化和普遍性需求，又有利于推动不同意识形态性质的国家和地区的思想政治教育的交流与合作，可以从更广泛的意义上为推进人的社会化和人的全面发展服务。

（二）通过提高人的思想道德素质为社会全面发展进步服务

思想政治教育的意识形态灌输与教化的本质对思想政治教育有决定性的作用，使它必须为社会的全面发展进步服务；而思想政治教育使社会成员的思想道德素质来为社会全面发展进步服务。思想政治教育的本质体现在人的思想政治素质的提高以及对人的全面发展所起到的一定的促进作用，同时它也是所有思想政治教育活动的一个共同目的。

首先，人类生存与发展的客观需要是思想政治教育的根源。马克思主义认为，需要是人类社会生活的动因和根由，人类历史的逻辑起点是人的需要。而任何需要都只有通过实践才能得到满足，任何实践都是为了满足一定需要的实践；需要是实践的驱动力，实践是满足需要的唯一途径。正是在需要的推动下，人类通过生产实践改造自然，开创了自己的文明史，创造了丰富的物质和精神财富。社会是由人构成的，社会成员在生产实践过程中必然会形成一定的社会关系。[2] 一般来说，人们改造世界的实践行为是人们现实地处理人与自然、人与人关系的一种客观物质活动。

在改造世界的实践活动中，必然会出现主客体矛盾和其他矛盾，人的思想问题和认识问题也难以避免。如果不能有效地解决这些矛盾和问题，人类改造世界的活动就会收到干扰，而思想政治教育在解决这些矛盾和问题的过程中具由不可取代的重要作用。如果思想政治教育者深入到人们所从事的实践活动中去，熟悉其实践活动的环境、工具、对象、过程和结果，就可以较为深入地了解和把握这些矛盾和问题，进而帮助人们较好地解决这些矛盾和问题，促使人们更有效地从事改造世界的活动，更好地满足自己生存和发展的需要。

---

[1] 例如，在各阶级社会以至社会主义社会，都有切勿偷盗、尊老爱幼等道德要求，这些要求主要体现了非意识形态性、非阶级性。当然，这些非意识形态性的内容在思想政治教育中处于从属地位，这是由思想政治教育的本质决定的。

[2] 马克思指出："人们在生产中不仅仅影响自然界，而且也互相影响。他们只有以一定的方式共同活动和互相交换其活动，才能进行生产。为了进行生产，人们相互之间便发生一定的联系和关系；只有在这些社会联系和社会关系的范围内，才会有他们对自然界的影响，才会有生产。"

人为了生存与发展，还必须进行“人自身的生产”。“每日都在重新生产自己生命的人们开始生产另外一些人，即繁殖。”人类繁衍出的下一代人所需要的适应社会生存、发展的经验、知识、技能和社会规范并不是与生俱来的，而是后天学习的结果。人类在改造世界的过程中，创造了巨大的物质财富和精神财富即文化。文化的本质在于传播，而思想政治教育正是人类文化传播的重要途径。思想政治教育活动影响每一个社会个体，将社会文化尤其是其核心——价值观及社会规范传递、落实到每个社会成员身上。如果缺乏这一社会化过程，年轻一代将难以适应社会生活，人们世代积累起来的经验、知识、技能、社会规范等精神财富就可能因此中断，社会的发展就会止步不前。由此可见，思想政治教育是一种特殊的社会文化传承的活动。

其次，思想政治教育具有一定的特殊功用——提高人的思想道德素质、促进人的全面发展。人的生存和发展需要思想政治教育，思想政治教育是满足人的生存和发展需要的重要方式。这种需要和满足的关系体现出思想政治教育的特殊价值，即思想政治教育对人的思想道德素质以及在此基础上对人的全面发展的促进作用。促进人的全面发展是思想政治教育的终极目标。

（1）思想政治教育通过把人的思想道德素质提高、促进人的全面发展而作用于社会生活。人具有丰富的精神生活需要，满足这一需要对人的发展具有极其重要的意义。

（2）思想政治教育通过丰富多彩的活动，对满足人们精神生活的需要，丰富人们的精神生活非常有帮助，从而提高人们的思想道德素质，帮助人们树立正确的世界观、人生观、价值观，以昂扬向上的精神状态投入到中国特色社会主义建设事业中。

此外，思想政治教育为提高人的智能素质提供强大的精神动力，通过多方面的活动，提高人的身心素质和审美素质，促进人的个性的发展。所有这些最终都指向人的全面发展。可见，思想政治教育在提高人的思想道德素质、促进人的全面发展方面具有独特的功能，是其他任何社会活动都无法取代的。

最后，思想政治教育是一种重要的手段——协调人的全面发展和社会全面发展进步。思想政治教育的根本依据与最终动力，存在于人的发展与社会发展的矛盾之中。

思想政治教育以人的发展为立足点，[1] 一般而言，人的发展与社会发展是辩证统一的，具体表现在以下几个方面。

---

[1] 通过把人的思想道德素质提高到社会发展所要求的水平上来解决所面临的基本矛盾，并以此促进社会的全面进步。

（1）人的发展与社会发展是互为前提和基础的。人的发展是社会发展的前提，社会是由人构成的，离开了人的发展，就谈不上社会的发展。[1]社会发展为人的发展提供条件和手段。物质文化条件越充分，又越能推进人的全面发展。

（2）人的发展和社会发展是相互促进、一起发展的。[2]因此，在思想政治教育过程中，既要考虑个人的发展，又要适应社会发展的要求，并将二者有机地结合起来。当然，人的发展与社会发展也存在矛盾，思想政治教育就是解决这一矛盾，实现二者相互转化、共同发展的重要方式，是协调人的发展与社会发展的重要力量。通过深入细致的思想政治教育，能够有效地促使受教育者将社会发展的要求内化为自身的思想道德素质，将人的思想道德素质提高到社会发展所要求的水平上，使人成为社会生活的主体，从而实现人的发展和社会发展的相互促进和相互转化。

总之，思想政治教育的立足点是提高人的思想道德素质、促进人的全面发展，是思想政治教育价值的根本所在和本质体现。

二、思想政治教育的地位

（一）马克思主义理论教育的基本途径

马克思主义以及中国化的马克思主义，为中国特色社会主义提供了理论指导。要充分发挥其指导作用，就必须对广大人民群众进行马克思主义理论教育，使人民群众深刻理解和完整把握马克思主义的科学世界观和方法论。而思想政治教育是马克思主义理论教育的主要渠道，是马克思主义理论实现其价值的必经途径。

只有广大人民群众掌握马克思主义和中国化的马克思主义，才能变为改造世界的物质力量，才具有现实意义。[3]

需要我们注意的是，他们都明确指出，理论转化为物质力量要通过一

---

[1] “人越全面发展，社会的物质文化财富就会创造得越多，人民的生活就越能得到改善。”

[2] 江泽民同志指出：“社会生产力和经济文化的发展水平是逐步提高、永无止境的历史过程，人的全面发展程度也是逐步提高、永无止境的过程。这两个历史过程应相互结合、相互促进地向前发展。”

[3] 马克思指出：“批判的武器当然不能代替武器的批判，物质力量只能用物质力量来摧毁；但是理论一经掌握群众，也会变成物质力量。理论只要说服人，就能掌握群众；而理论只要彻底，就能说服人。所谓彻底，就是抓住事物的根本。”毛泽东也明确指出：“代表先进阶级的正确思想，一旦被群众掌握，就会变成改造社会、改造世界的物质力量。”马克思和毛泽东都强调理论本身在一定条件下会转化为物质力量。

个中介——人，也就是说，要“掌握群众”才能转化为物质力量。而理论要“掌握群众”，除了理论本身要彻底即具有科学性外，毫无疑问还要靠宣传教育。思想政治教育是将马克思主义理论变为物质力量的重要途径。通过系统的思想政治教育可以帮助人民群众深入理解和把握马克思主义理论，使其树立正确的世界观，掌握科学的方法论，提高认识世界和改造世界的能力，积极投入到中国特色社会主义建设中，就能将马克思主义理论变为巨大的物质力量。实践表明，我国思想政治教育在这方面起到了不可取代的作用。在新民主主义革命时期和社会主义革命与建设时期，在改革开放的新时期，正是因为坚持对广大人民群众进行马克思主义理论教育，使马克思主义成为广大人民群众改造社会的强大武器，才使中国社会发生了翻天覆地的变化，促进中国社会出现了巨大的发展进步。在21世纪，要继续推进中国特色社会主义事业，使马克思主义理论的价值得到充分体现，就必须进一步加强对广大群众的马克思主义理论教育。

（二）完成建设中国特色社会主义各项任务的中心

中国共产党一贯高度重视思想政治教育，不仅将其视为党和国家事业的重要组成部分，而且将其看作完成党和国家各项任务的中心环节。[1]“中心环节”是对新时期思想政治教育战略地位的高度概括。在21世纪，思想政治教育的这一地位更加突出。要将中国特色社会主义伟大事业推向前进，就必须坚持不懈、深入持久地对广大人民群众进行思想政治教育，为完成中国特色社会主义事业各项任务提供思想保证和精神动力。

中国特色社会主义事业的内容包括政治、经济、文化、教育、科技等多方面，其中一个不可缺少的重要部分是思想政治教育，是推动中国特色社会主义建设的重要力量。

从某种意义上来说，思想政治教育与中国特色社会主义事业的其他方面处于同等重要的地位，因为所有这些方面都是中国特色社会主义建设所需要的，都从特定方面推动着中国特色社会主义建设的发展。思想政治教育特殊的功能性地位表现为，它是通过直接作用于人的思想道德素质，通

---

[1] 早在新民主主义革命时期，毛泽东就强调：“掌握思想教育，是团结全党进行伟大政治斗争的中心环节。如果这个任务不解决，党的一切政治任务是不能完成的。”进入社会主义建设时期，毛泽东又指出：“政治工作是一切经济工作的生命线。在社会经济制度发生根本变革的时期，尤其是这样。”进入社会主义现代化建设新时期，党中央进一步明确强调：“思想政治工作是经济工作和其他一切工作的生命线。”2000年6月，江泽民同志指出：“党的思想政治工作，是经济工作和其他一切工作的生命线，是团结全党全国各族人民实现党和国家各项任务的中心环节，是我们党和社会主义国家的重要政治优势。”

过提高人的积极性、主动性、创造性，使人们更好地参与社会各方面的活动而作用于中国特色社会主义建设的。这一功能地位是思想政治教育所特有的，是中国特色社会主义事业的其他方面所不可取代的。正是在这个意义上，我们说思想政治教育是完成中国特色社会主义各项任务的中心环节，因为任何一项工作都需要人去做，要做好工作，就需要提高人们的思想道德素质，提高人们认识世界和改造世界的能力，提高人们的工作积极性，否则各项工作不仅难以做好，而且还有可能出现干扰中国特色社会主义建设的问题，思想政治教育必须与经济业务工作紧密结合起来，在做业务工作时，要加强思想政治教育，注意思想领先，充分发挥先进思想和革命精神在一定物质基础上的巨大能动作用；在开展思想政治教育时，要将思想政治教育渗透到业务工作中，结合业务工作一道去做。

思想政治教育如果脱离经济、技术等业务工作而孤立地进行，就会容易陷入空头政治的境地；经济、技术等业务工作更不能脱离思想政治教育，否则就会迷失方向。正如毛泽东所说："不注意思想和政治，成天忙于事务，那会成为迷失方向的经济家和技术家，很危险。"由此可见，只有做好思想政治教育工作，才能保证经济、技术工作沿着中国特色社会主义方向前进，才能真正调动广大干部、群众的积极性、主动性和创造性，从而圆满完成中国特色社会主义事业的各项任务。

社会主义精神文明是以马克思主义为指导的，它是社会主义的重要特征，也是社会主义现代化建设的重要的目标，能够保证社会主义现代化建设的顺利进行，形象地反映出了社会主义制度的优越性。社会主义精神文明的建设需要我们做很多的工作，然而思想政治教育是任何工作都不可缺少的。❶ 因此，我们可以认为社会主义精神文明建设的基础工程是思想政治教育，同时它也是社会主义精神文明建设的中心环节。

第一，思想政治教育是社会主义精神文明建设的核心内容。❷ 从这个方面来说，社会主义精神文明的建设离不开思想道德建设。用马列主义、毛泽东思想和中国特色社会主义理论对全体公民进行教育，把公民的思想政治素质不断提高是我国思想道德建设的首要任务；对全体公民进行思想政治教育的过程就是思想道德建设的过程。由此可以看出，思想政治教育

❶ 正如《中共中央关于加强社会主义精神文明建设若干重要问题的决议》所指出的，思想政治教育"是精神文明建设一项基础性工作和搞好两个文明建设的基本保证"。这是对思想政治教育在社会主义精神文明建设中的地位和作用的科学说明。

❷ 社会主义精神文明建设包括思想道德建设和教育科学文化建设两个方面，两方面内容相互渗透、相互促进；思想道德建设是精神文明建设的核心内容，集中体现着精神文明建设的性质和方向。

是思想道德建设任务的主要内容，同时也是社会主义精神文明建设的核心的内容，不仅反映出了精神文明建设的性质，也体现了精神文明建设的方向。只有把思想政治教育摆在精神文明建设的第一任务，加强对全体公民的思想政治教育，才可以做到加强社会主义的精神文明建设。

第二，思想政治教育是完成社会主义精神文明建设根本任务的基本途径。❶ 培养“四有”新人需要做到以下几点。

（1）持之以恒地以马列主义、毛泽东思想和中国特色社会主义理论对全体公民进行思想政治教育，大力弘扬和宣传社会主义核心价值体系。

（2）帮助人们树立社会主义的荣辱观，形成正确的民族精神，并且这种民族精神是以爱国主义为核心的；形成顺应时代潮流和有中国特色的时代精神，并且这种精神是以改革创新为核心的。树立以马克思主义为指导的正确的世界观、人生观、价值观和建设中国特色社会主义的共同理想。

因此，只有加强思想政治教育的力度，才能为完成精神文明建设这一根本任务创造条件。

最后，思想政治教育是保证教育科学文化建设的社会主义性质和方向的根本措施。❷

第三节 思想政治教育的功能

一、思想政治教育功能的特点

关于思想政治教育的功能，可从不同角度进行分析。总的来说，思想政治教育功能可分为个性功能和社会功能❸。个体性功能❹是思想政治教

❶ 社会主义精神文明建设的根本任务是适应社会主义现代化建设的需要，培育有理想、有道德、有文化、有纪律的社会主义新人，提高整个中华民族的思想道德素质和科学文化素质。思想政治教育以培养人为己任，这一任务理所当然地成为思想政治教育的根本任务。

❷ 教育科学文化建设指的是教育、科学、文学艺术、新闻出版、广播影视、卫生、体育、文物、图书馆、博物馆等各项文化事业的发展和人民群众科学文化水平的提高。

❸ 是指思想政治教育对社会发展所能发挥的客观作用，具体地说，就是指思想政治教育对社会政治、经济、文化、生态环境等发生的作用，表现为政治功能、经济功能、文化功能和生态功能等。

❹ 是指思想政治教育对教育对象个体所能产生的客观影响，表现为个体生存功能、个体发展功能和个体享用功能。个体性功能是思想政治教育目的的直接表现，可以看作思想政治教育的本体功能。

育目的直接表现，可以看作思想政治教育的本体功能。

思想政治教育的特殊性，决定其功能具有以下明显特点。

(1) 客观性。[1] 思想政治教育活动的客观性决定了思想政治教育功能的客观性。思想政治教育之所以长期存在并将继续存在和发展，就是因为它对人的全面发展和社会的发展进步有着不可忽视的重要功能；这种功能客观存在，人们只能影响这种功能发挥的水平和程度，而不能无视它或人为地消灭它。思想政治教育功能的发挥还受到一定的物质设施和环境因素等客观条件的制约，这也是思想政治教育功能客观性的一种表现。

(2) 多面性。[2] 这些不同层次的功能既相互联系又有所区别，在进行思想政治教育时，要注意使其相互补益、相互加强，从而使思想政治教育更好地促进人的发展和社会的进步。

(3) 发展性。思想政治教育的功能不是静止不变的，随着社会生活的变化，随着思想政治教育的发展，其功能会不断发生变化。

①思想政治教育在不断地向前发展，在发展的过程中，它的某些功能可能会被加强。如随着社会主义市场经济建设的推进，思想政治教育的经济功能被加强。而随着社会主义和谐社会建设的发展，思想政治教育可以促进人的全面发展，对人际关系的协调起到了一定的作用，并且它的作用在这个过程中被加强。

②在思想政治教育的发展过程中，还有新的一些功能可能会出现。如今天我们都在强调可持续发展，在这一过程中，体现了思想政治教育的生态功能。思想政治教育之所以可以保持旺盛的生命力，是因为它具有发展性，并且它也是思想政治教育功能的特点。对思想政治教育的上述特点有所了解，对更好更充分地发挥思想政治教育的积极作用非常有帮助，而且也可以让老师自己有所认识而主动去从事思想政治教育的工作。

二、思想政治教育的个体性功能

（一）思想政治教育的个体生存功能

思想政治教育的个体生存功能是指思想政治教育在引导人类个体遵循客观规律，服从生存法则以便求得更好的生存状态的过程中所发挥的作

[1] 思想政治教育是人类重要的社会活动，自人类进入阶级社会，思想政治教育便是一种客观存在，并伴随着人类社会的发展而发展，在社会生活中表现出特有的功能。

[2] 思想政治教育功能不是单一的，既对社会成员产生影响，也对社会生活的各方面发生作用，因而既表现为个体性功能，也表现为社会性功能。

用。马克思主义认为，人的生命活动不同于动物的本能活动，人是能动的社会存在物，实践是人类不同于动物的社会生命的特殊运动形式，是人类的存在方式。正是在实践活动过程中，人才成为一种自我创造的主体性存在。

在一般情况下，每个人不仅生活在物质世界中，也在精神世界中生活。人必须满足基本的生理需要，为了生存。以此为基础，才能去追求更高层次的心理需要和精神需要的满足。这就是说，人的基本需要是人的高层次需要如自尊、求知求美、自我实现等需要的基础，没有健康的生命，崇高的道德精神就缺乏现实的物质前提；对德行的追求离不开个体生命物质需要的满足。可见，物质需要的满足，既是人生存的基本要求，也是人的全面发展的基础。[1] 从个体的角度来说，他对物质利益的追求是由他自身的生存需要所决定的。思想政治教育应尊重和理解人的这种追求，通过促进物质文明的发展，不断改善人的生活条件，提高人的生活质量，最大限度地满足人们日益增长的物质生活需要。然而，马克思主义人的本质观告诉我们，人既具有自然属性，又具有社会属性，人的物质需要固然十分重要，精神需要也不可或缺，这是人的社会性特征的重要表现。人的社会属性决定人是一种超越性存在，人就是在这种超越中不断从动物性存在提升到人性存在，不断提高自己的生存质量，不断提升人性发展的层次和境界。因而人的意义世界绝不限于自己“活着”，人所追求的应是比“活着”更有意义的意义，并用这样的意义世界去引导和规约他的物质世界。因此，思想政治教育应引导人们实现从功利物欲到精神境界的升华，努力提升人的精神品质，而不能仅仅停留在对人的物质需要的追求上。

人的物质需要满足的方式是在思想政治教育等多种因素的影响下逐渐形成的，而不是自发形成的；意义世界的建构，更离不开思想政治教育的作用。而真正的思想政治教育应是一种既教人以生存手段和技能，使人能很好地把握物质世界，又教人以生存的意义和价值，使人能自主建构自己的意义世界、精神世界的活动。思想政治教育应是这两方面活动的协调与统一。如果只重前者而放弃后者，那么由人的知识和能力所创造的物的世界，就可能因为缺乏正确的引导和规约而给人们带来灾难和困惑，造成人类的生存危机。因此，建构人的意义世界是人类生存的内在要求，对于人的生存和发展具有十分重要的意义。思想政治教育对于人的意义世界的建

[1] 马克思、恩格斯指出：“我们首先应当确定一切人类生存的第一个前提，也就是一切历史的第一个前提，这个前提是：人们为了能够‘创造历史’必须能够生活。但是为了生活，首先就需要吃喝住穿以及其他一些东西。因此第一个历史活动就是生产满足这些需要的资料，即生产物质生活本身。”

构有重要的作用，也承担着重要的职责。

（1）思想政治教育对人的物质生活的顺利进行非常有帮助。[1]

（2）思想政治教育是人的精神生活的一种方式。在人的精神生活中，思想政治教育是一种重要的沟通方式。[2] 在社会生活中，人们追求的通常是社会和个人的功利性需要，而人特有的反思性品质会使自己不断地反思自己的生命与精神世界的内在联系，并努力建立这种联系。如果一个人已经建立了这种联系并在反思的过程中不断调整这种联系，那么，他便能在情感和理性的平衡中寻找到生存和发展的意义。思想政治教育正是促使人的这种反思的重要力量，也是这种反思的重要方式。

（二）思想政治教育的个体发展功能

思想政治教育的个体发展功能是指思想政治教育对塑造人的品德、促进人的发展所起的作用，主要体现在以下几方面。

（1）引导政治方向。[3] 具体说来，对受教育者的引导可从以下几个方面进行。

①目标导向。[4]

②政策导向。[5]

③舆论导向。[6]

（2）约束规范行为。[7] 约束规范人们行为的功能是思想政治教育的重要功能，如果思想政治教育仅仅停留在抽象的思想观念的教育上，而没有明确的规范要求，就很难把教育对象的思想和行为引导到正确的轨道上

---

[1] 思想政治教育的基本任务是要帮助人们形成正确的世界观、人生观、价值观，理解和掌握道德原则和行为规范等，这些观念、原则、规范看起来是约束个体的异己的力量，但正是这些异己的东西才能够使个体在社会性的生活中生存下去，也正是这些东西赋予个体以力量，使其在社会生活中充分发挥其作用。

[2] 这种沟通方式强调人与自然、人与社会、人与自我之间的交流和对话，强调从人的内部精神生活角度来适应和认同客观外部世界。

[3] 就是运用启发、动员、教育等方式，将受教育者的思想和行为引导到符合社会发展要求的方向，即通过丰富多彩的活动及多种方式，提高受教育者的思想道德素质，促使受教育者保持坚定正确的政治方向。

[4] 即确定明确而具体的奋斗目标，引导教育对象向目标奋进。

[5] 主要是通过宣传党的路线、方针、政策来引导教育对象的思想，以提高其认识，规范其行为。

[6] 即利用赞赏、激励、批评、监督等手段，营造良好的舆论氛围，以正确的舆论调节和规范教育对象的思想行为，对教育对象形成一种强大的约束力和导向力。

[7] 思想政治教育通过向人们传授法律、道德等社会规范，通过肯定、褒奖符合社会规范的行为，否定、批评背离社会规范的行为，能较好地实现对人的行为的约束和规范。

来，就有可能出现道德失范、行为越轨的情况。因此，思想政治教育要帮助受教育者形成正确的法制观、道德观，引导受教育者自觉遵循法律规范和道德规范，在社会规范允许的范围内从事创造性的活动。

（3）激发精神动力。[1] 人的需要分为精神需求和物质需求。因此，从总体上来说，物质激励与精神激励是激励的两个重要组成部分，它们对人所产生的激励作用都是不可替代的，对物质利益进行忽视或者否定，没有充分发挥物质利益对人积极性的调动作用是错误的。马克思曾经说过：只有与利益相关的一切，人们才会去为之奋斗。邓小平也指出：如果一味地追求牺牲精神，而没有物质利益，那就是唯心论。因此，在进行思想政治教育时，要恰当地运用物质激励的方法，对受教育者理性的追求利益进行引导。然而如果仅仅利用物质激励的方法，把“金钱万能”作为信念，对精神力量的作用不重视或者表示否定，也是极其错误的。因为人的物质需求与精神需求是互依存的，相互作用的，所以精神激励是必不可少的；只有通过合理有效的物质激励和精神激励，并对两者进行有效结合，充分发挥两者对受教育者的积极性的调动作用，才可以激发受教育者参与中国特色社会主义建设的积极性。

在思想政治教育中，激励受教育者积极性的具体手段和方法是多种多样的。其中主要包括以下几种方式。

①民主激励。[2]

②榜样激励。[3]

③情感激励。[4]

④奖惩激励。[5]

---

[1] 思想政治教育的激励功能体现为运用多种激励手段，充分调动教育对象的积极性、主动性和创造性，促使其积极参加社会主义现代化建设。

[2] 即创造条件让教育对象确实行使主人翁权利，广泛参与重大问题的决策和管理，对领导者进行监督，以此调动教育对象的积极性。

[3] 即通过先进典型示范，以激励教育对象提升思想品德水平，规范自己的行为。榜样教育会促进先进分子更上一层楼，也会触动后进分子，促使他们对照先进找差距，激励其上进心。

[4] 即通过满足教育对象的情感需要来激发其积极性。情感需要是人们最基本的心理需要，注意教育对象情感的满足，关心、理解、尊重、信任教育对象，公正、公平、公开地处理涉及教育对象的各种问题，为教育对象多办实事，是激发教育对象积极性的有效手段。

[5] 即通过奖励或惩罚来激励教育对象。通过奖励手段，可强化教育对象的合理动机和正确行为，使之发扬光大；而通过惩罚手段，则可中止教育对象的不良行为，改变其行为方向，并使其不合理动机消退。在运用上述手段时，应根据不同对象的不同情况，或单独使用某种手段，或综合使用多种手段，以形成有效的激励机制，最大限度地调动受教育者的积极性。

（三）思想政治教育的个体享用功能

思想政治教育的基本任务是要提高受教育者的思想政治觉悟，发展和完善受教育者的道德品质。个体思想道德品质的发展和完善具有多方面的功能。

（1）站在社会的角度来说，它可使各种关系都得到协调发展（例如，个体与他人、个体与群体、个体与社会等），从而营造出和谐的人际关系环境，对社会的稳定和发展起到一定的促进作用，为社会主义和谐社会建设提供必要的条件。

（2）站在个体的角度来说，它对于个体各方面的发展以及精神需要得到更好的满足有一定的帮助作用，从而对个体的学习、工作、生活的顺利进行起到一定的保障作用。

由此可见，个体思想品德的发展和完善是社会发展的内在要求，是人的内在精神需要，而思想政治教育正是满足这种需要的基本途径。

思想政治教育的个体享用功能[1]是客观存在的。思想政治教育通过对人的思想道德品质进行发展和完善，可以满足人的精神需要。实际上，人的良好的道德品质是一种对现实世界的把握能力，它的特点是从一种内在尺度上对现实世界进行很好的把握。也就是人的善恶观念。人的良好的思想道德品质对世界的把握除了表现在对善恶是非的认知上，还表现在对自己、他人、社会等致以善意的方面，也就是道德价值世界的建构方面。[2]马克思告诉我们，一个具有德行的人，一个能造福于他人的人，同时就是一个幸福的人。[3]以“助人为乐”为例，著名心理学家马斯洛从心理学的角度将这种来自于为他人增加快乐的快乐，理解为人类所具有的认同体验（移情体验），当人的这种体验达到最高峰时，可以使整个身心处于一种超越自我的境界，从中获得一种幸福的体验。

人的精神活动能力的发展除了蕴含创造精神产品的能力发展外，还蕴含人对社会已有的精神财富的享受能力的发展。这是马克思主义关于人的

---

❶ 是指思想政治教育能使每个个体实现其某种需要和愿望（主要是精神方面的），并从中体验满足、快乐和幸福，从而获得精神上的享受。在建设社会主义和谐社会的进程中，正确认识思想政治教育的这一功能有着重要的现实意义。

❷ 人的致善活动也就是主体良好思想品德的对象化、外化活动，有助于更好地构建一个更善的外部世界，从这个由他参与创造的外部世界中，人必然会获得某种满足和幸福。因为思想政治教育有助于教育对象逐渐形成高尚的人生意境，处于这种意境之中，教育对象就可以用一种审美的心态去瞰视人生，从中获得审美愉悦。

❸ 马克思曾在《青年在选择职业时的考虑》一文中指出：“经常赞美那些为大多数人带来幸福的人是最幸福的人。”

全面发展的学说所告诉我们的道理。马克思为了说明这个观点，曾以音乐为例来进行一定的说明：对象之所以能够成为他的对象，是因为对象的性质以及与对象相适应的本质力量的性质，如果一个耳朵没有一定的音乐感，那么再美的音乐对他来说也没有任何意义。

1. 思想政治教育的政治功能

思想政治教育的政治功能❶具体表现为以下几方面。

（1）传导主导意识形态，调节社会精神生产。❷ 统治阶级对社会成员的思想政治教育必须加强，以使其思想在广大社会成员的思想中占主导地位，进而对社会的精神生产进行有效的调节。才能使自己的思想成为占统治地位的思想。在我国，思想政治教育政治功能主要体现在以下两个方面。

①在我国，思想政治教育通过宣传马克思主义和社会主义核心价值体系，统一人们的思想，整合社会的精神生产要素，从而实现对精神生产的导向和调节。

②揭露和批判与马克思主义意识形态相对立的思想，遏制和取缔不健康的精神生产和精神产品，从而使精神生产和精神产品直接为我国社会主义的经济基础和政治制度服务。

（2）传播主导政治意识，引导人们的政治行为。思想是行为的先导，人的政治行为总是受到一定思想观念支配的。思想政治教育对受教育者保持坚定正确的政治方向，政治判断力、鉴别力、选择力的提高以及其政治参与的意识，形成较高的政治素养，从而更好地参与政治生活是非常有帮助的。在建设中国特色社会主义进程中，思想政治教育应强化其政治功能，也就是要通过各种途径，系统地对教育对象进行主旋律教育❸，以培养一代“四有”新人，为社会主义民主和法制建设创造根本的条件。

2. 思想政治教育的经济功能

思想政治教育的经济功能❹概括地说，主要表现为以下几方面。

（1）思想政治教育是经济建设坚持社会主义性质和方向的可靠保证。

---

❶ 是指思想政治教育通过培养具备良好思想政治素质的受教育者以推动政治发展的作用。

❷ 马克思、恩格斯指出：“统治阶级的思想在每一时代都是占统治地位的思想。”

❸ 包括共产主义理想教育，社会主义、爱国主义、集体主义教育以及社会主义法制观、道德观教育等。

❹ 是指思想政治教育通过调动教育对象的积极性，使其主动参与经济活动以促进经济又好又快发展的作用。

物质生产本身没有阶级性，但生产力总是同一定的生产关系相联系的，经济基础总是同一定的上层建筑相联系的，因而物质生产的发展也有方向问题。从人类文明发展史来看，任何一个社会的统治阶级，都必然要以本阶级的思想体系和政治理念影响社会的物质生产，规定经济发展的方向。我国是社会主义国家，我国的现代化只能是社会主义现代化，思想政治教育的经济功能首先就表现为要确保我国现代化建设的社会主义方向。[1]

从上文可以看出，我国的经济建设之所以可以始终沿着中国特色社会主义道路前进，是因为以马克思主义为指导的思想政治教育。在经济建设的过程中，如果想让我国经济建设始终沿着社会主义的道路前进，只有通过思想政治教育来使受教育者有一个建设中国特色社会主义的共同的理想，使受教育者主动地去将党的路线方针政策付诸行动的积极性有效提高。

（2）思想政治教育是推动社会生产力发展的精神动力。生产力是一种实际能力，它可以有效地解决社会与自然的矛盾；同时，它也是一种客观的物质力量，它可以帮助人类协调和对自然进行改造，并且使自然能够适应人类的需要。总而言之，物的要素[2]和人的要素[3]组成了生产力，这两者在物质生产的过程中，需要结合在一起共同作用。物的因素尽管是生产力的根本因素，但它形成现实的生产力，需要人去操控它，需要和劳动者紧密结合。因此人的因素决定社会生产力的发展，在生产力中起主要作用。而人的因素又包括以下两个基本方面。

①人的科学文化素养和劳动技能。[4]

②人的思想道德素质和劳动积极性。[5]

这两方面因素相互影响、相辅相成、密不可分。人的科学文化素养和劳动技能是生产力发展的必要条件，也是提高受教育者思想道德素质和劳动积极性的重要智力条件。而受教育者的思想道德素质和劳动积极性也是生产力发展的重要条件，是促进生产力发展和提高受教育者的科学文化素养、劳动技能的精神动力。如果劳动者思想道德素质不高，缺乏劳动积极

[1] 毛泽东指出："思想工作和政治工作，是完成经济工作和技术工作的保证，它们是为经济基础服务的。思想和政治又是统帅，是灵魂。"

[2] 主要是指劳动对象和以生产工具为主干的劳动资料。

[3] 是指具有一定知识、劳动技能和生产经验的劳动者。

[4] 主要是指劳动者对生产、技术等规律的认识和掌握程度以及劳动者的业务能力，即劳动者的智力因素，它直接作用于生产资料。

[5] 主要是指人的思想觉悟、劳动态度、事业心和责任感等，也就是人的非智力因素，它通过智力因素间接作用于生产资料。

性、主动性和责任感，那么即使他具有较高的科学文化素养和劳动技能，这些智力因素也难以得到充分发挥和运用，因而会对生产力发展构成制约。这就说明人的思想道德素质对社会生产力的发展有着非常重要的作用。思想政治教育对提高劳动者的思想道德素质、受教育者工作和生产的积极性、主动性起到非常重要的作用。只有对受教育者进行深入细致有效的思想政治教育，才可以使劳动者的思想道德素质得到进一步的提高，才能对生产力的发展起到一定的促进作用。

综上所述，我们可以发现，在生产力的发展过程中，思想政治教育可以起到一定的促进作用。通过我国生产力的发展实践，我国劳动者良好的思想道德素质、对工作所具有的较高的积极性与主动性得到了很好的体现。通过思想政治教育和社会实践，就会积极主动地学习科学文化知识、自觉地提高劳动技能，采用新技术去努力地改进生产工具，并对工艺进行一定的革新；不断地变革劳动组织，创造性地进行生产管理，从而很好地促进生产力的发展。因此，思想政治教育是物质文明建设的进程中不可或缺的部分。

（3）思想政治教育是营造经济建设发展的和谐社会环境的重要手段。物质资料的生产是人类社会生存的基础。人类历史就是物质生产发展的历史。而为了更好地进行物质生产，人们之间必然要建立某种联系或关系。❶

协调人与人之间的关系，是为了他们之间能够和谐相处。然而协调人与人之间的关系不仅仅需要通过政治和法律的手段，还需要通过思想道德规范。通过思想政治教育，使人与人之间可以把矛盾化解、关系达到和谐的状态、情绪稳定，使人与人之间能够保持友好的关系，使个人的心理平衡得到一定的维护，营造和谐的社会氛围，对经济建设起到一定的促进作用。

思想政治教育对营造社会环境有多方面的作用，方法是多种多样的，这里着重探讨思想政治教育通过对社会生活的调节营造良好社会环境的情况。大致说来，思想政治教育对社会生活的调节主要通过以下途径来实现。

①心理调适。❷ 思想政治教育要善于运用心理调适的方法解决受教育者的思想问题，增进其心理健康，为经济建设创造良好的心理环境。

---

❶　正如马克思所说："为了进行生产，人们便发生一定的联系和关系；只有在这些社会联系和社会关系的范围内，才会有他们对自然界的关系，才会有生产。"

❷　人是自然、社会和心理活动的统一体，人的任何一种活动都伴随有心理活动，人的很多思想问题，也都和心理因素紧密相连。

②人际关系调适。[1] 思想政治教育通过帮助人们化解人际矛盾，缓解人际冲突，可以帮助人们理顺人与人之间的关系，建立团结、互助、友爱、平等的和谐人际关系，从而为经济建设营造良好的人际关系环境。

③情绪调控。[2] 它可以使社会中的不安定因素快速降低，使受教育者在社会主义现代化建设的过程中投入足够的热情。它通过对受教育者进行思想政治教育，并且思想政治教育非常深入细致，这非常有助于化解受教育者的思想矛盾、稳定受教育者的情绪等，从而使受教育者的情绪尽快获得一种新的平衡。

④利益关系调节。[3] 思想政治教育对人们利益关系的调节属于微观调节的范畴，主要是指对个人或群体之间的利益矛盾的调节（由于一些具体的、特殊的原因造成的）。具体做法如图 2-3。

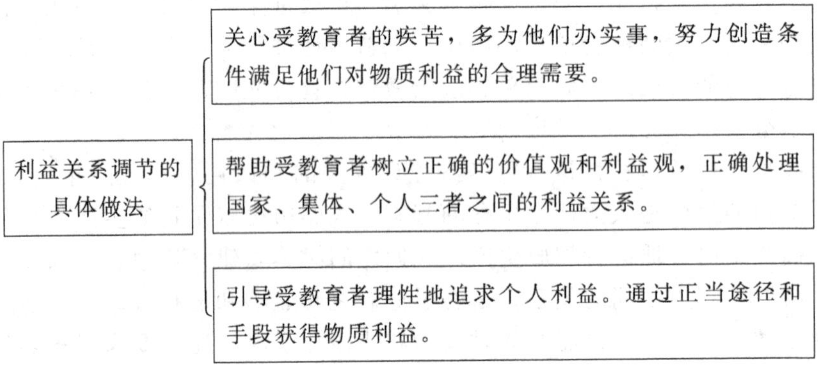

图 2-3　利益关系调节的具体做法

思想政治教育对利益关系的调节，对在全社会范围形成一种公正、合理、和谐的利益关系是非常有帮助的，从而在一定程度上会为社会主义现代化建设营造良好的社会环境做贡献。

---

[1] 在现实生活中，由于各种原因，人与人之间的关系在很多时候会出现矛盾乃至冲突，这些矛盾或冲突会影响人们的生活和社会的和谐，因而必须对其进行协调。思想政治教育就是协调人际关系的重要手段。

[2] 人们在现实生活中遇到矛盾和困难，情绪就会发生变化，甚至出现不满、怨恨等负面情绪。这种负面情绪如果得不到缓解，就可能给个人工作和生活造成困扰，给经济建设带来障碍，因而必须及时对人们的情绪进行调节。思想政治教育是调节人们情绪的重要途径。

[3] 在现实生活中，群体与群体之间、群体与个体之间、个体与个体之间会经常出现利益矛盾，如果不及时对其进行调节，就有可能影响经济建设的顺利进行。对利益关系进行调节的手段是多方面的，除了法律制度、政策等基本手段外，思想政治教育也是不可或缺的重要手段。

3. 思想政治教育的文化功能

思想政治教育的文化功能指的是它对社会文化及其发展所发生的作用。从文化的运行过程来看，思想政治教育的文化功能包括文化传播功能、文化选择功能、文化创造功能等。

（1）思想政治教育❶具有文化传播功能。所谓“思想观念、政治观点、道德规范”，都属于文化的范畴，是政治文化和伦理文化的组成部分。

在某种意义上讲，思想政治教育就是政治文化、伦理文化的传播过程，目的是实现个体的政治、道德社会化。在这一过程中，同时存在着两种活动（图 2-4）。

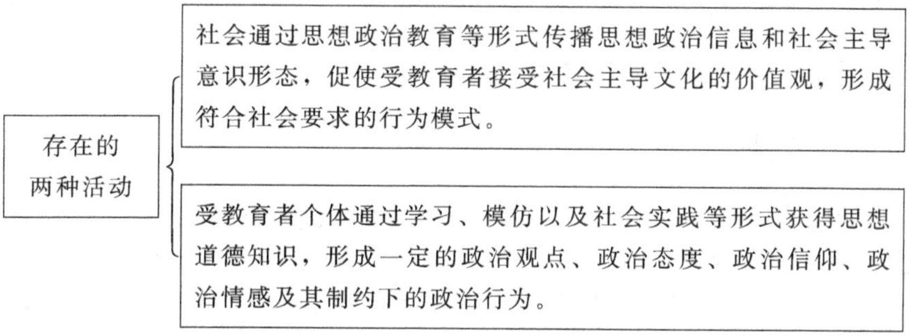

图 2-4 同时存在的两种活动

从图 2-4 可以看出，这两种活动在思想政治教育过程中相互联系、相互作用，辩证地统一在一起。可见，思想政治教育传播政治伦理文化的过程，是一种同为信宿、同为信源的双向信息交流和情感互动过程。而不是那种“我说你听、我打你通”的单向灌注过程。

值得我们注意的是，思想政治教育对文化的传播过程，实际上也是对社会文化的保存和活化的过程。设想在没有思想政治教育的传播的情况下，那么储存形态的文化就是政治文化、伦理文化的表现，也就是将它们蕴藏在物品或文献中，却不可以被人们掌握和运用，在实际政治生活和道德生活中难以发挥作用。只有通过思想政治教育，才能使储存形态的政治伦理文化转变为现实的政治伦理文化，使特定的政治伦理文化与人的观念、智慧、意志、情感建立起联系，使社会规范成为人们维持良好生活秩序的准则，使健康的审美情趣和民族风俗成为丰富人们生活的内容和方

❶ 是教育者用一定的思想观念、政治观点、道德规范对教育对象施加有目的、有计划、有组织的影响，使他们形成符合一定社会发展要求的思想品德的社会实践活动。

式，使政治文化在社会生产和社会生活中发挥作用。

（2）思想政治教育具有文化选择功能。思想政治教育对文化的传播过程，实际上是对文化的一种选择过程（撷取与吸收、排斥与舍弃），而不是对现有文化的全部吸取的过程。通过这种选择，建立起一根发展的链条，它连接着历史、当代与未来。它架起一座沟通的桥梁，这座桥梁连接着东方与西方，并以此使文化得以发扬光大，对社会的进步起到一定的推动作用。[1] 要发挥思想政治教育的文化选择功能，需要做到以下几点（图 2-5）。

文化选择功能的要求

- 思想政治教育者必须树立正确的文化价值观，提高文化选择的自觉性。
- 要加强对受教育者文化选择的引导，注意提高其文化鉴别和选择能力，使其在文化交流和冲突中进行正确的文化选择。
- 要加强对中华民族传统文化的批判继承和创造性地转化，加强对西方文化的理性借鉴和批判改造，即要积极主动地对各种文化现象、文化因素进行科学分析、鉴别、筛选、利用。

图 2-5　发挥文化选择功能的要求

（3）思想政治教育具有文化创造功能。科学技术自 20 世纪 50 年代以来发展非常迅速，世界范围的文化交流逐渐增强，民族之间文化的联系也越来越紧密，竞争也日益激烈。只有通过培养一大批具有文化创新能力的人才，才可以使中华民族文化的竞争力提高，使民族文化与时俱进，保持强劲的发展势头，而这正是当代思想政治教育的重要责任。思想政治教育对文化进行传播的过程实际上就是对文化进行创造的过程。因为推动文化创新，不仅需要培养有创造力和创造精神的人才，还需要思想政治教育在对文化的传播过程中，对政治文化、伦理文化进行不断地整合与创新，并以合适的方式向受教育者进行传递，而不是一味地扮演“传声筒”的角色。从这里可以看出，客观上，思想政治教育的文化创造功能是存在的。现在，文化竞争非常激烈，从思想政治教育的角度来说，要求我们对培养

[1] 具体地说，就是根据一定社会的需要和思想政治教育目的对传统文化与外域文化批判地借鉴吸收，有选择地加以传播，使其符合我国社会主义现代化发展的要求，符合我国先进文化发展的方向。

创新型的人才一定要给予重视，并且在传播政治文化和伦理文化时，需要创造性地进行传播，充分发挥文化的创造功能。

从理论上来说，在对思想政治教育的功能进行分析时，十分有必要将思想政治教育的功能分为个体性功能和社会性功能两个方面进行分析。然而在实际的工作中，这两个方面的功能是相互依存、缺一不可的。实现个体性功能需要结合社会性的功能，而实现社会性功能也需要用个体性功能来作为实现的中介。只有把两者进行统一的结合，并使两者的功能得到有效发挥，才能充分发挥思想政治教育的功能。

第三章 大学生思想政治教育的环境与载体

人的成长是一个不断塑型和吸收的过程，在这个过程当中，思想品德的形成和发展就是极其重要的一方面，它甚至会影响一个人的人生走向。因此，在对大学生进行思想政治教育的时候，不仅要具备相应的教育环境，还要通过一定载体。本章，我们就对大学生思想政治教育的环境与载体进行阐述。

第一节 大学生思想政治教育的环境

人尤其是大学生的思想品德的形成和发展以及思想政治教育活动，都是在一定的环境里进行的，且其成果的好坏受周围环境直接或间接的影响。所以，要想达到思想政治教育的最终目的，使每一位大学生在进入社会之后都能成为积极向上对社会有用的人才，首先在环境方面就要有所保证。只有对大学生所处环境进行精细、认真的分析和研究，才能促进思想政治教育活动与各种环境因素的良性互动，优化育人环境。

一、大学生思想政治教育环境概述

思想政治教育是一项社会性的工作，但它又是在特定的环境中进行的，因而思想政治教育的效果与思想政治教育的环境有着密切的内在联系。

（一）思想政治教育环境的含义

中国人从很早以前就已经认识到了环境的重要性[1]，大学生思想政治

[1] 环境，就是环绕在人的周围并给人以某种影响的客观现实。

自然也不例外，营造良好的思想政治教育环境[1]，对于大学生的“三观”塑造以及未来的人生都具有非常重要的作用。简而言之，思想政治教育环境就是除了教育本身以外，影响教育对象的其他一切外在因素的总和。

在当前社会，由于环境的复杂多元，很难为大学生创建一种单纯的思想政治教育环境。一般来说，凡是与人有关的，并且能对人的思想品德的形成与发展产生一定影响的物质和精神，都可以称为思想政治教育环境。因此，我们通常讲的思想政治教育环境，包括社会环境、家庭环境、单位环境和社交环境以及相应的自然环境。

（二）环境与人的全面发展

环境的好坏对于人的繁衍生息有着非常重要的影响，当然不同的环境对于人的思维和思想也起到决定性作用。不管是中国还是世界上的其他地方都在很早的时候就已经发现环境对人思想和行为造成的影响。早在千年以前，就有很多思想家对环境因素的重要作用发表了很多言论。

1. 环境与人发展的传统观点

可以这样说，任何一个人的思想品行以及他的行为都跟他所处的环境有着千丝万缕的关系，关于这一点，已经有众多的中西方学者从教育学、哲学、心理学、政治学等不同视角来阐述。他们认为环境与人的思想品德的形成与发展之间存在着一定的联系，并试图从改善环境入手，以达到提高思想品德教育效果的目的。比如，中国在很久之前就通过“孟母三迁”等故事告诉世人环境的重要性；古希腊著名哲学家德谟克利特就认为人必须要通过环境的熏陶、日常锻炼和教育而获得人的“第二本性”，也就是蕴藏于思想深处的素质与道德。在对于人性的看法上面，不同的思想家由于不同的着重点，对人性有不同的认知与见解。有的思想家认为人性本善，长大之后正是由于受到周围环境的影响才出现一些不良行为，而有的思想家认为人性的最初是恶，这种恶就像树木一样，需要通过后天的修枝剪叶才能成为栋梁并为人所用。人也一样，刚出生的人根本不知道什么是善什么是恶，未来究竟如何很大程度上取决于环境的好坏，所以说人性本恶的思想主张的是对人性的一种培养与调教。这种思想的代表人物便是中世纪著名神学家奥古斯丁。在诸多教育环境中，他尤为注重家庭环境对儿童成长的影响，认为儿童不仅从父母的言行中能够学会基本的判断和表

[1] 思想政治教育环境，就是指对思想政治教育活动以及思想政治教育对象的思想品德形成和发展产生影响的一切外部因素的总和。

达，而且能学到品行。相反，法国哲学家卢梭提出了人性禀赋善良的教育思想和自然主义教育理论。法国启蒙思想家、哲学家爱尔维修则试图解决个体个性和环境之间的相互关系，认为人在精神和道德上的差异是后天的教育和环境造成的，因而提出了“人是环境的产物”这一论断，认为人的思想道德水平是由社会政治环境决定的。到了19世纪中叶以后，欧文完全接受爱尔维修的观点，提出了环境决定论。他说：“‘人是环境的产物’，他一生的每一时刻中所处的环境和他的天生品质使他成为什么样的人，他就是什么样的人。”行为主义学派创始人华生在研究人的思想品德形成和发展时也否定了遗传的作用，认为人的任何行为，包括道德的和不道德的都是环境影响的结果，环境和教育决定人的发展。

近代以来，有的学者试图从不同的视角对大学生的思想政治教育环境进行研究。所谓隐性教育，就是潜藏在正规的或显性的德育及专业课程之后的教育，尤其是指教育环境的气氛性和体制性教育影响。这些学者认为隐性教育的作用是潜移默化的、无时不在的，它甚至直接影响人们的道德风貌、价值取向和行为规范。

我国古代著名的思想家、教育家、儒家创始人孔子就认为在人的成长过程当中，一个很重要的因素就是环境，并最先提出“性相近也，习相远也”。另一位儒家代表人物荀子也非常重视环境因素在教育过程中的重要作用，认为“政教习俗，相顺而后行”。他发现人的人格正是个体在环境中习染环境的特性，并逐渐被环境同化而形成的，所谓“蓬生麻中，不扶自直；白沙在涅，与之俱黑”，“染于苍则苍，染于黄则黄，所入者变，其色亦变”，说的就是这个意思，当周围生长的都是笔直的麻杆，留给野草的空间和环境就是笔直生长，只有这样才有生长空间，获得最大日光资源；当周围的环境是一堆黑土时，即使是非常纯净的白沙，也不能避免要沾染上黑土的颜色而变得不再洁净。至于说生活在大环境中的人类所受到的影响究竟是积极的还是消极的，关于这点荀子认为这里有人的一种自我选择，也就是：“肉腐生虫，鱼枯生蠹。怠慢忘身，祸灾乃作，强自取柱，柔自取束。”这句翻译成现在的白话就是，肉因为腐烂了才开始生蛆，鱼死之后也会有蛀虫出来，当一个人松散懈怠散漫的时候，灾难和祸事就会来临，在木质材料中，坚硬的木质就可以被用来当作栋梁或立柱，而那些柔软的材料就只能被用作束缚他物的物质。也就是说任何一个人的意识必然会受到他所存在的环境的影响，长期浸淫在奢侈腐化的环境中的人，其性格必然也会向骄奢淫逸方向发展，但如果生长的环境贫困痛苦，他的思想也必然会受到一定程度的束缚。

因此，他认为一个人思想发展的程度如何，很大程度上取决于他所生活的环境以及所拥有的物质条件，他认为一个人在环境中的发展不能毫无拘束，只有进行一定程度的约束和控制，才能对人形成坚定意志、良好思想有所帮助。与荀子持相同观点的人很多，其中一位非常著名的教育家就是颜之推，他同样认为人思想品德的形成与发展与周围的环境息息相关，他非常重视家庭教育环境，对此他也推出了很多自己的观点❶，他主张建设家庭环境，使其在人的思想道德品质的形成中发挥重要作用。

对上面的观点进行综合分析，我们发现，在人思想品德形成和环境的关系当中，上面的观点虽然都有一定的正确性，但也存在一定程度的偏颇。较为突出的一个问题就是忽视了人的主观能动性，忽视了人的社会实践的作用。而马克思主义关于人与环境的理论则克服了这种局限性，对两者关系做出了全面的说明。对于我们正确认识和科学把握人与环境的关系以及优化思想政治教育环境具有重要的指导意义。

2. 马克思主义关于环境与人发展的观点

在批判关于环境与人的发展的旧唯物主义观点的基础上，马克思对人与环境的关系做出了唯物辩证的科学说明。他认为有一种唯物主义学说，认为人是环境和教育的产物，因而认为改变了的人是另一种环境和改变了的教育的产物——这种学说忘记了，环境正是由人来改变的，而教育者本人一定是受教育的。马克思在这里实际上是批评了旧唯物主义忽视人的能动性的倾向。他的观点是："环境的改变和人的活动的一致，只能被看作并合理地理解为变革的实践。"究竟应该怎样理解马克思的这一思想呢？

（1）人与环境的互相影响。在马克思的观点当中，人与环境主要是能动与受动两方面的关系。那么我们应该如何理解这两方面的关系呢？马克思认为，这两方面之间的影响是相互的，不能单纯认为谁是主要影响因素，谁是次要因素，人在创造环境的同时环境也会作用于人的成长。一个人的生存与成长始终离不开社会，社会对人的发展、思想政治以及道德观念有非常重大的影响，同时社会环境也会对人的发展、思想政治以及道德观念有一定的制约作用。就像恩格斯认识的那样❷，一个人的生活环境将会对其的伦理观念产生非常深远的影响，一个人的思想观念并不是一成不变的，一旦社会关系以及经济制度发生改变，也就是生存环境发生了变

❶ 颜之推说："夫同言而信，信其所亲；同命而行，行其所服。禁童子之暴虐，则师友之诫，不如傅婢之指挥。止凡人之斗阋，则尧舜之道，不如寡妻之诲谕。"

❷ 恩格斯曾经在批判杜林的唯心主义道德观和宗教道德观时指出："人们自觉地或不自觉地，归根到底总是从他们阶级地位所依据的实际关系中——从他们进行生产和交换的经济关系中，获得自己的伦理观念。"

化，那么人们就会形成相应的思想观念。亦即人的社会意识由社会存在决定，具体环境对人的思想意识和发展产生影响，但人的思想在适应这种环境的过程当中某种程度上也对环境进行了改造，而环境再反作用于个体，也就是这样的一个相互影响的过程促进了环境与人的共同发展。

由此可见，对于环境，人并不仅仅是消极接受，也可以通过自己的实际行动来对周围的环境进行改造。

（2）人的活动和环境的改变辩证统一于实践。前面我们已经对个体思想伦理与环境的关系进行了初步探讨，知道环境与个体的发展属于相互影响和发展的共生关系。在发展的过程当中，个体与环境都处于一种不断的变化当中。也就是说个体活动的改变是为了适应周围的环境，而环境改变的主要促进因素就是人的活动。因此，在环境建设的过程当中，人应该积极创造有利的促进氛围。两者之间相互促进的关系是否和谐，取决于具体的人类实践。换句话说就是，人的变革的实践是两者统一的基础，是人正确发展自我的能动的方面。可见，马克思主义既承认人有受外部世界制约的一面，又认为这种制约并不起最终意义上的决定作用。

换句话说，在一定的条件下，由于人的主观能动性，是可以做出一定成就的。可以这样说，马克思主义的上述论述是目前为止在人与环境关系的所有论述当中最全面也是最科学的，是指导思想政治教育处理人与环境关系最根本的理论。

（三）当代大学生思想政治教育环境的特征

要想对思想政治教育环境有一个更加深入的了解，就要对它的特征有所了解，以下，我们就对当代大学生思想政治教育环境的基本特征做一个简单阐述。

1. 广泛性

我们知道思想政治这个词语就是一个非常广泛的词语，受它影响的人群自然也是非常广泛的，不管是社会中的哪个阶层，都会在不同程度上接受思想政治的教育，大学生的思想政治教育尤其重要，思想政治教育已经成为我国教育领域的一个重要组成部分，影响思想政治教育结果的环境自然也不例外。

首先，对于当代大学生来说，思想政治教育的环境在范围上相对来说更加广泛，而内容上也更加复杂，组成这个体系的环境因素不管是在类型上还是层次上都存在某种关联性，它们之间的这种联系以及它们之间的相互作用共同组成了一个相对立体、维度更多的系统。

其次，当代大学生由于受到各种纷繁信息的浸染，对思想政治的教育环境提出了更高的要求。思想政治教育环境的质量将会对大学生的思想政治教育结果和思想品德产生复杂而多样的影响。在当代大学生的思想政治教育过程当中，环境对教学效果的影响既有单向影响，也有多向影响，既有直接影响，也有间接影响，既显性又隐性。这也就从实际意义上对环境对思想政治教育的广泛性进行了论证。

2. 直观性

当代大学生由于接触世界、了解世界的手段非常丰富，教师在进行思想政治教育的过程中就要针对学生的这种特点，使环境的特点更加明确，只有更加生动、形象、直观的教育环境才能吸引大学生的目光，只有选择那些能引起大学生情感共鸣的环境因素，才有利于大学生思想政治教育的顺利进行，这些环境因素包括学校环境、家庭环境等。

大学生在接触外界的过程中，往往通过一些具体的事件或直观的现象等具有形象特点的事物来判断或感知社会生活、社会物质水平、社会风气以及人与人之间的交往关系。而学校环境、家庭环境以及社会环境就具备这种形象性和直观性。例如大学生可以通过自己的感知觉察到学校的师生之间、家庭的亲友之间的关系。这些显而易见的环境就会在很大程度上直接影响当代大学生思想品德的发展和形成结果。

3. 动态性

世间万物都是一个动态的过程，社会环境自然也不例外，因此在对大学生进行思想政治教育的时候也要根据不断变化的环境做积极的应变，以及时应对新时期的需求。

第一，构成思想政治教育环境的各个要素始终处于运动变化中。无论是社会环境因素还是自然环境因素，都在不断地发生变化，尤其是迅猛发展的人类社会使得社会环境系统变化得更快。比如，我国改革开放之后，思想政治教育的经济环境、政治环境、文化环境等都发生了巨大的变化。随着我国社会主义现代化建设的深入开展，思想政治教育环境还将继续发生更大、更深刻的变化。

第二，思想政治教育环境在人改造世界的实践活动的推动下发生变化。例如，改革开放后，社会主义市场经济建设的发展迅速地解放和发展生产力，极大地促进了我国经济、政治和文化的发展，但也因此产生了一些与社会主义本质相悖的负面因素，如腐败、钱权交易、急功近利、金钱至上、道德滑坡等诸多不良现象，这就使得思想政治教育环境变得更加复杂和难以控制。

当外界的环境发生一定程度的变化时，大学生作为受教育者自然也会有相应的心理或思想方面的改变。因此，思想政治教育者的任务就在于要尽可能地调控思想政治教育环境，使其影响向符合教育目的的方向发展；同时，做好环境变化中的思想政治教育工作。

4. 可塑性

从思想政治教育工作者的角度看，思想政治教育环境可分为两部分：一部分是不可塑的，一部分是可塑的。

在相同的社会大环境下，不同思想政治教育工作者的工作效果可能相去甚远，原因固然很多，但其中一个重要原因就是不同的教育者对环境影响调控的力度有差异。

大学生在接收思想政治教育的过程中，面对环境的影响并非完全处于被动。一方面，可以过滤大环境的消极影响；另一方面就是单独设立小环境，典型的小环境例如家庭环境、学校环境等，这些都会对大学生产生影响，尤其是学校环境，由于周围的人年龄相仿，思想也相近，对于大学生这种教育对象来说学校的环境就显得尤为重要。

二、大学生思想政治教育环境的类型

在对大学生进行思想政治教育的时候，首先要了解组成思想政治教育环境的因素有哪些，只有充分了解了环境的种类，才能分门别类，有针对性地对大学生进行思想政治教育。由于组成思想政治教育环境的因素非常广泛，也非常复杂，不同的分类方法就会产生不同的类别，这里我们主要从宏观和微观两方面进行分类。

以社会环境为主要内容的思想政治教育环境，又可以根据不同的标准划分为不同的类型，按其性质可分为良性环境和恶性环境，按其状态可分为封闭环境和开放环境，按其形态可分为物质环境和精神环境，按其作用方式可分为直接环境和间接环境，按其覆盖范围可分为宏观环境和微观环境等。我们将根据最后一个分类，对思想政治教育环境做简要的分析。

（一）宏观社会环境

宏观环境包括社会经济环境、社会文化状况以及各种大众传媒、文化活动等。它们对思想政治教育总体活动及全体社会成员有重要的影响。

1. 社会经济环境

社会经济环境，是指人们所处社会的生产力状况以及由此决定的社会物质生活资料的生产关系和物质生活状况的总和。它包括社会生产力状况、科学技术水平、社会生产关系和生活水平等。它对人的思想会产生重要的影响。

（1）社会经济状况对人的道德的影响。道德作为社会意识形态，它的起源、发展都离不开社会经济的发展。随着社会生产力的不断提高，人的道德水平也会不断变化。

第一，从道德水平的历史进程来看，随着社会经济的发展，社会对人们的要求在不断提高，人们的道德伦理水平也在不断提高。这是因为，经济发展使人与人之间的关系变得更为广泛和紧密。为了协调更为广泛和复杂的社会关系，人们必须具有更好的道德意识和道德行为能力。

第二，从我国的现实来看，经济体制改革虽然对社会经济生活、政治生活产生了一定的冲击，但也促进了社会伦理道德观念的变化。一方面，社会经济的发展为人们提供了更好的物质生活条件，从总体上促使人们的思想道德水平不断提高，也为思想政治教育奠定了更坚实的物质基础，提供了更多、更好的手段和载体，推动思想政治教育不断实现现代化。另一方面，社会经济的发展要求人们具有适应市场经济的自主意识、竞争意识、诚信意识、平等意识等，这在客观上改变了人的思想道德素质，也在客观上为思想政治教育的发展提供了动力。然而，在社会主义市场经济发展过程中，也存在着许多矛盾和错综复杂的问题，如改革旧体制和发展社会主义市场经济，就直接涉及整个社会利益关系的调整和再分配问题。而这一调整不可能是一帆风顺的，必然会出现各种矛盾和冲突，从而对人们的情绪、心理、心态甚至理想信念和价值取向等产生重大影响，也使思想政治教育面临更复杂的环境。思想政治教育者对此一定要有充分的认识，努力提高在复杂而变动不定的经济环境下有效开展思想政治教育的能力。

（2）社会经济环境对人的价值观、人生观的影响。社会经济环境对人的价值观、人生观有巨大的影响。这种影响我们可以从两个方面来分析。

第一，从社会生产力方面看，生产力的发展水平给人的思想认识提出了一定的要求。毛泽东同志说过："人的认识，主要地依赖于物质的生产活动。"生产力的任何发展，都是以生产工具的改进作为先导和标志的。不同的生产力发展阶段，生产工具对人与自然的统一方式和人与人之间的结合方式的制约是不同的，由此产生了对人的思想的不同要求。现代化生产要求人们具有组织纪律观念、团结互助观念以及创新精神等。这些观念必然反映到人的价值判断和对生活的认识中，从而影响人的价值观念和人生观。

第二，从社会生产关系方面看，合理的生产关系使人的创造能力能够得到全面充分的发挥，促进人们形成正确的价值观、人生观。生产关系说到底是人与人之间的关系，它既包括直接生产过程，也包括物质资料的分配、交换和消费过程，其本质是一种利益关系。生产关系对生产力的反作用，总是要通过劳动者做中介来实现。合理的生产关系使人们的利益得到满足，看到自身的价值，从而在劳动创造中热情高涨，对美好的生活充满憧憬，进而形成正确的人生观、价值观。

2. 社会政治环境

我们通常说的社会政治环境既包括社会政治制度，又包括现实的政治状况。其中，社会政治制度是建立在一定的社会经济基础之上的上层建筑的核心，是人们之间思想关系和阶级利益的集中表现。政治制度的核心是社会各阶级在国家中的地位，也就是由谁当家做主。因此，政治制度对思想政治教育有根本性的影响，决定着谁掌握思想政治教育的领导权。在我国，宪法明确规定我国社会主义民主的本质是人民当家做主，广大人民群众是国家的主人，国家的一切权力属于人民。这无疑有助于人民群众形成主人翁责任感，有助于人们的思想品德朝着社会要求的方向发展，有助于人们形成符合社会主义发展要求的正确的世界观、政治观和价值观，也有助于思想政治教育的顺利开展。

虽然，社会政治环境对人的思想的影响是多方面的，但主要是政治观的影响。形成正确的政治观是思想政治教育的目的之一。但是，我国社会主义政治制度基本确立之后，制度的规定和实施之间仍然有一定的距离，具体制度的设计与现实政治发展在某些方面还存在不相适应之处，这种现实的政治状况更为直接地影响着思想政治教育的进行以及人们的思想品德的形成和发展。

3. 社会文化环境

如前所述，文化一般有广义和狭义之分。不管是狭义的文化还是广义的文化，我们都可以看出，文化是以物质为基础的，一方面随着社会物质生产的发展而发展，另一方面又反作用于社会物质生产。而对人的思想起直接影响作用的主要是精神文化。

社会文化由于具有普遍性、继承性、民族性、渗透性、社会性、时代性、复杂性等特点，时刻影响着人们的思想品德的形成和发展以及思想政治教育的实施。因此，它是思想政治教育的一个重要的环境因素。

4. 大众传播媒介环境

多种形式的大众传播手段，可分为报纸、杂志、书籍等印刷媒介和电视、电影、网络、广播等电子媒介就是所谓的大众传播媒介。随着现代印刷技术和电子科技水平的不断提高，大众传媒对现代人们的社会生活的影响愈来愈大，正在潜移默化地改变着社会，也在改变着人们的工作和生活方式以及其思想观念，从而对人的思想品德的形成和发展以及思想政治教育产生了广泛而复杂的影响，成为思想政治教育环境系统中的重要因素之一。

思想政治教育所传达的思想品德信息本身就属于价值信息范畴，而大众传媒作为这种信息传播的重要媒介，其传播的强度、频率直接影响人们对信息的接收和判断。比如，大众传媒对品德信息的选择，对品德信息做出怎样的解释，都鲜明地体现着社会价值导向，进而形成强大的社会舆论环境，使得生活于其中的“受众”能够清楚地看到：当前社会在提倡什么、推崇什么、反对什么、限制什么，从而形成一种无形的选择压力，促使人们去选择和接受那些社会所大力宣传和提倡的品德信息，进而对人们思想品德的形成和发展产生不可忽视的影响。

（二）微观社会环境

微观社会环境是一个相对概念，它是在社会大环境的基础上发展而来的一个概念，它虽然不像社会大环境那样普遍地影响人的思想，但与社会大环境相比，具有更直接更具体的功能。这是因为，大学生作为社会中的人总是生活在一个社会组织里，社会组织的价值观、文化素养、道德水平以及风俗习惯，从人们生活、工作、学习的各个具体方面，每时每刻都会对人的思想产生影响。因此，微观社会环境对人的思想影响更重要。它包括家庭环境、学校环境、社区环境、社交环境等。

1. 家庭环境

可以这样理解，如果社会是一个整体，那家庭就是组成这个整体的一个细小单元，是最基本的社会生活组织形式，是构成社会的细胞。家庭是大学生社会化的第一块基石，父母是孩子的第一任老师。一个孩子从出生到完全独立地进入社会，有三分之二的时间是在家庭中度过的，家庭教育在人的思想品德和心理形成中起着奠基作用。

思想政治教育的家庭环境，主要是指家长的思想道德素质和行为规范对其他家庭成员尤其是子女思想品德的形成和发展所产生的影响氛围。孩子从家庭成员的思想道德和行为中，从成人之间、成人与孩子之间的关系中，可以逐渐领悟善恶、美丑和是非的界限，形成最初的思想品德和心理。大量统计数据表明，青少年犯罪往往与有严重缺陷的家庭环境密切相关。因此，从某种意义上说，家庭的长期影响和教育，将决定一个人的性格和品行。恩格斯揭露了资本主义制度摧残工人家庭教育的状况[1]，论证了家庭教育对子女成长的重要性。

家庭环境影响具有潜移默化的渗透性、深入具体的针对性、血缘伦理的权威性和“遇事则诲”的经常性与灵活性。正因为家庭环境的影响具有上述特点，家庭教育才具有自己的特殊方法和有效性。

2. 学校环境

应该说，在对大学生进行思想政治教育的过程中，最为重要也是首要的环境就是学校。学校是一种特殊的社会组织，是有目的、有组织、有计划地向受教育者传授文化知识、劳动技能、价值观念、政治观点、社会规范等以培养符合一定社会要求的公民的机构。

在阶级社会里，一切统治阶级都利用学校教育为巩固其统治服务。这一点，无论在任何社会中都一样。美国社会学家 R. 赫斯和 J. 托尼认为：“有人也许会说家庭在培养儿童对国家的基本忠诚方面起了很大作用，但是，学校提供的内容、信息和概念，扩大并发展了这些儿童早期形成的深厚感情。”在引导学生遵循现有的社会经济政治秩序，传播统治阶级的价值观念和意志、传授知识技能和培养情感方面，学校具有特殊的重要作用，具有鲜明的阶级性、全面性、渗透性和导向性特点。

3. 社区环境

第三种重要的环境便是社区环境。社区是指聚集在一定区域中并且在生活上互相关联的人群的生活共同体，是绝大多数人生活的另一重要社会环境，因而社区环境对社区的成员思想政治品德的形成和发展以及社区思想政治教育的开展有很大影响。一般来说，良好的社区风气和生活秩序有助于人们规范自己的言行，形成高尚的品质；和谐的社区人际关系，能让人们心情愉快，性格豁达，形成开阔胸怀。因此，我们应当高度重视并加

---

[1] 恩格斯指出：“忽视一切家庭义务，特别是忽视对孩子的义务，在英国工人中是太平常了，而这主要是现代社会制度促成的。对于这种在伤风败俗的环境中——他们的父母往往就是这环境的一部分——像野草一样成长起来的孩子，还能希望他们的后代成为道德高尚的人?”

强社区环境建设，努力发挥社区对人们思想品德的形成和发展以及思想政治教育的积极影响。

4. 社交环境

此外对于大学生来说，利于思想政治教育的环境中还有一个非常重要的环境就是社交环境。它指因年龄、爱好、特点、家庭背景诸多方面比较接近而形成的一种关系比较密切的社会群体，通常被人们称为“朋友圈”。苏联教育家克鲁普斯卡雅认为：儿童的“朋友圈”对儿童发展有着重要的影响。他强调：“必须十分关心组织儿童在校外的生活。”当然，“朋友圈”不仅对儿童有巨大影响，对青年、成年也有巨大影响。俗语说的“近朱者赤，近墨者黑”就是这个道理。当儿童升入中学后，朋友之间的影响便与日俱增，逐渐占有重要地位。研究证明，人在青春期，即从十五六岁到十八九岁，朋友之间的影响最为普遍、深入。

同辈群体的“朋友圈”，由于具有特殊亚文化的凝聚力、同类的吸引力以及自身的自由性等特点，对思想政治教育和人的思想品德的形成和发展的影响具有自由性、渗透性和独特性。

第二节　大学生思想政治教育的载体

在这里，我们首先要对大学生思想政治教育的载体有一个初步的了解，这个载体，既可以承载相关的教育内容，也可以是教育内容的基础和前提。研究现代思想政治教育载体，有助于更好地揭示思想政治教育的机理和规律，推动现代思想政治教育学学科体系的完善，也有助于优化现代思想政治教育载体的配置。

一、大学生思想政治教育载体概述

思想政治教育目标的实现、教育任务的完成、教育内容的实施、教育方法的运用、教育主体和教育客体之间的互动等，都要依托一定的载体才能完成。

（一）思想政治教育载体的含义

科学界定思想政治教育载体的确切含义，既是有效选择、运用恰当载体的基础，又是充分发挥思想政治教育载体的功能与作用的基本前提。

1. 载体的基本内涵

《现代汉语词典》对“载体”具体解释如下：“科学技术上指某些能传递能量或运载其他物质的物质，如工业上用来传递热能的介质；为增加催化剂有效表面，使催化剂附着的浮石、硅胶等都是载体。承载知识或信息的物质形体：语言文字是信息的载体。”很明显，第二种解释为“载体”的引申义。

随着科学的综合化的不断发展和进步，信息技术和科技系统中也开始引入载体的概念，即信息的发生者称为信源，信息的接收者称为信宿，传播信息的媒介称为载体。同时也被引入社会科学领域，广泛使用于众多的学科中。1992年，杨广慧在所撰写的《探索新路子寻找新载体》一文中第一次将“载体”这一概念引入思想政治教育领域中。

2. 思想政治教育载体的内涵

作为思想政治教育基本范畴之一的思想政治教育载体，一直受到学术界的广泛关注。但人们在概念的界定和表述上存在着较大差异，各不相同：概括起来，学术界对其内涵的认识与概括主要有以下几种观点。

（1）形式论。这种观点认为，思想政治教育载体只是从载体的各种形式来看的。从前面对载体的解释中可以看出，载体是一种“形式”，但主要的又不在于“形式”。后来，韩玉芳、林泉认为：“思想政治工作的载体，是指思想政治工作者为促使思想政治工作的有效开展而借助的各种形式，包括活动、文化、管理、传播媒介等。”

（2）要素论。这种观点认为，思想政治教育载体是思想政治教育的基本要素之一，是联结教育主体与教育客体之间的桥梁和纽带。例如，杨新宇认为：“思想政治教育载体是指承载思想政治教育内容和信息，能为思想政治教育者所控制、操作，且教育者和受教育者可借此发生互动的一种思想政治教育形式。”刘元认为：“思想政治教育载体是承载信息的形式，是联结信息传播者和接受者之间的桥梁。”陈秉公教授认为思想政治教育载体，“是思想政治教育过程能够成立、正常运行和发挥作用的必要条件”。

（3）中介论。这种观点认为，思想政治教育载体是联结思想政治教育主体与教育客体之间的中介物，属于思想教育中介（包括内容中介、环境中介、方法中介和载体中介等四类）中的载体中介。例如，张世贵认为：“载体中介是指思想政治教育主体所运用的能承载并传递思想政治教育内容和信息的手段和形式。”罗洪铁教授认为：思想政治教育载体是“在思想政治教育过程中能承载并传递思想政治教育信息、内容的形式和手段”，但他也认为思想政治教育载体“在思想政治教育过程中承载并传递思想政治教育信息，能为思想政治教育主体所操作并与思想政治教育客体发生联系的一种物质存在方式或活动方式”。王升臻认为：“思想政治教育载体只是思想政治教育中介的一部分，具有工具性价值，因为它本身不是教育内容、信息，不能笼统地称为思想政治教育中介。”

除此之外，关于思想政治教育载体的说法还有很多。但无论是“形式论”“活动论”“物质形式和活动形式论”“要素论”还是“中介论”，或者其他观点，都要么在不同程度上泛化了载体的概念，要么在不同程度上模糊了载体的属人特性。

综合上述分析，可以将思想政治教育载体的含义归纳为：“在实施思想政治教育的过程中，能够承载和传递思想政治教育的内容或信息，能为思想政治教育主体所运用，促使思想政治教育主客体之间相互作用的一种活动形式和物质实体。”

（二）思想政治教育载体的功能

所谓功能，是指事物或方法所发挥的功效与作用。思想政治教育载体的功能要回答的也就是思想政治教育载体要发挥的功效与作用问题。思想政治教育载体，既具有一般载体的存储、携带和促进其他事物之间反应的功能，又具有其自身的特殊功能。

1. 承载功能

承载功能是思想政治教育载体最基本的功能，是指思想政治教育载体能够承载思想政治教育的诸多信息，如教育主体、教育客体、教育目标、教育内容、教育任务和教育方法等，即蕴涵、存储思想政治教育信息与内容的作用。

在思想政治教育过程中，思想政治教育载体是教育主客体、教育目标、教育内容和教育方法等因素之间相互作用、相互联系的“空间”和“平台”，是思想政治教育活动的现实表现形式。教育主体只有依托一定的载体，才能够向人们传播思想、情感等思想政治教育信息，并引导人们正确地去感知和接受这些教育信息。

总之，思想政治教育信息，如果要为教育客体所感知和把握，就必须要求思想政治教育载体呈现在教育客体的面前。也只有通过发挥思想政治教育载体的作用，才能促进其自身的交流和传播，才能对教育客体产生影响。

2. 教化功能

对于当代的大学生来说，思想政治的教育的过程当中载体的价值取向和目的性都非常明显。一旦对大学生教育的目的实现了，就会对大学生未来的思想和行为产生相应影响。与物质载体机械性运转不同的是，思想政治教育载体对于其所承载的教育因素以及教育作用有明显的增强。但它的实现是有阶段性的，载体的作用也只有不断发挥，长时间作用于教育客体，并促使教育客体付诸实践，经年累月，最终形成习惯，只有这样才能使大学生形成良好品德和习惯。

二、大学生思想政治教育载体的类型与特征

前面我们讨论了思想政治教育载体的内涵和功能等基本要素，接下来我们看看思想政治教育载体的外延情况，即思想政治教育载体的基本类型。

（一）现代思想政治教育载体的类型

从不同的视角和不同的方位来审视现代思想政治教育载体，可以将其分为多种不同的类型。目前，思想政治教育载体的分类在学术界中的划分标准不一，仁者见仁，智者见智。比如：张耀灿、郑永廷等学者以载体的基本物质样态为标准，将其分为语言载体和行动载体；以载体的历史发展为标准，将其分为传统载体和现代载体。除此之外，有的将其分为物质载体和精神载体，有的将其分为动态载体和静态载体，有的将其分为有形载体和无形载体，有的将其划分为天然载体和人工载体等。在思想政治教育载体系统结构方面的论述不多，郜火星博士将思想政治教育载体结构分为内部形态结构和外部形态结构。内部形态结构呈现出三种形式，即单一的物质形态、由物质因素和精神因素组成的复合形态、教育主客体借助载体进行互动的完全形态；外部形态结构按照教育主客体与载体的关系分为宏观形态、中观形态和微观形态。

我们从思想政治教育的实践和科学技术发展的视角，对思想政治教育载体进行分类，它主要有以下基本类型。

1. 文化载体

在社会生活中，文化与人的发展和进步有着内在的密切联系，文化载体在思想政治教育的实施方面，起着极为重要的作用。

（1）文化与文化载体的内涵。文化是一个非常复杂广泛的概念，给它下一个严格和精确的定义是一件非常困难的事。笼统地讲，广义的文化是指人类在社会历史发展过程中不断创造和积累起来的物质财富和精神财富的总和，特指社会意识形态；狭义的文化是指意识形态所创造的精神财富，即语言、科学知识、学术思想、文学艺术、各种制度及一切意识形态在内的精神产品。

思想政治教育文化载体，是指思想政治教育主体充分利用各种文化产品，将思想政治教育信息和内容渗透于各项文化建设活动之中，增长受教育者的知识，提高其素质，以及思想认识水平和觉悟能力。

（2）文化载体的作用。思想政治教育文化载体作为思想政治教育过程中承载或传递思想政治教育内容或信息的方式，其作用主要有三个方面：其一，承载教育的多样性。其二，对人影响的全面性，既包括价值观念、思想观点、道德规范等方面的影响，又包括文化知识、专业技能、科学素养的影响，还包括思维方式、审美意识的影响。其三，对人影响方式的渗透性。

（3）发挥文化载体作用的保障。要充分运用文化载体，发挥文化载体的重要作用，在思想政治教育活动中，我们必须注意以下几个问题。

第一，加强文化建设。要求把文化看作一个动态的过程，使思想政治教育内容寓于文化建设之中。胡锦涛同志在党的十七大政治报告中明确提出了文化建设的目标和要求，思想政治教育工作者要善于把握文化形式，充分发挥自己的特长，努力促进文化建设的发展，使思想政治教育与文化建设良性互动。

第二，加强各种文化载体的协调发展。我们能运用的文化载体主要是指由不同领域、不同形式文化载体所组成的有机整体。因此，在思想政治教育文化载体的建设中，应该坚持整体推进，科学规划，统筹安排。

第三，创建良好的文化环境。文化环境是指人类社会中存在的由生产方式决定的观念所构成的影响人思想政治道德素质的外部因素的总和。文化环境系统蕴涵各种文化要素，这些不同文化要素之间的冲突与整合构成了文化系统的内部矛盾。这些矛盾一方面成为推动文化环境系统运行的重要动力；另一方面也形成了复杂的社会文化环境，阻碍文化载体作用的发挥。因此，在运用文化载体时，要有良好的文化环境作为其根本保障。

2. 活动载体

有组织、有意识、有目的的活动是人特有的本能，也是人和其他动物的本质区别。而且，人类的活动是人类社会产生和发展的内在动力。

（1）活动与活动载体的内涵。活动是指由共同目的联合起来并完成一定社会职能的动作的总和。人类的活动是多方面的，包括经济、政治、文化、科技、教育、军事等活动。这些活动主要是指人们除了职业活动外的一般社会活动。

（2）发挥活动载体作用的保障。为了在大学生思想政治教育的时候活动载体能得到充分利用，在对思想政治教育活动进行设计的时候，就要对以下几方面的内容有所注意和掌握。

首先，思想性，也就是在对大学生举办的所有活动当中放在首位的应该是思想政治教育，尽可能增加思想政治所占比重。活动在设计之初就要与实际现实相结合，不仅要满足参与者的思想行为，也要符合我国的基本制度与意识形态。只有这样活动载体的作用才能尽可能发挥出来。

其次，连续性，不管是哪一类活动，在设计之初就要目的明确，并以其为核心推进之后的工作，这种连续不断有明确目的的活动对于大学生的思想政治教育来说非常有效。

再次，创新性。随着时代的发展和社会的进步，各种元素和新事物不断出现，使当代大学生对思想政治教育的载体提出了新的要求。因此在对活动进行设计的时候，要与当前的时代相结合，在活动中加入符合大学生审美的元素和内容，使活动特色鲜明。与此同时，活动的形式要注意，避免形式单一，通过不断的创新，使大学生思想政治活动载体能够与时俱进，不断向前发展。

第四，主体性，由于大学生是思想政治教育活动的主要参与者，因此活动在设计的过程中就要将吸引大学生当作是一个重点，使生动活泼的活动形式中蕴藏深刻的思想政治教育内容，寓教于乐，使大学生在潜移默化中受到影响，达到相应的教学目的。

3. 管理载体

可以这么说，人类社会最古老、最普遍的现象之一就是管理，远古时候，为了获得最大限度的生存资源，人类只有团结，有一定的管理制度，才能尽可能生存下来。它是人类活动有序进行的保障。

（1）管理与管理载体的内涵。管理是一定的人或组织依据所拥有的权力，通过实施既定措施，对人力、物力、财力及其他资源进行协调或处理，以达到预期目标的活动过程。[1] 管理活动的实质，在很大程度上就是调动人的积极性，达到预定目标的各种活动与全部过程。

[1] 刘熙瑞．现代管理学［M］．北京：高等教育出版社，2000．

思想政治教育管理载体，指的是让存在于社会生活中的各种管理活动承载并传递思想政治教育内容或信息，实现思想政治教育与人们管理的各种具体工作相互渗透与结合，从而调适人与人之间的关系，调动人的积极性，提高思想政治工作的有效性，达到优化能力和思想政治教育的目的，促进管理工作的顺利开展。

(2) 管理载体的作用。一般来说，思想政治教育的管理载体，具有以下三个方面的显著作用。

第一，使引导性与强制性有机结合。思想政治教育中的管理，与其他管理一样，要借助一定的手段，对全体成员都具有强制的约束力，人们都必须依章办事，以达到目的。但是，思想政治教育管理载体的这种强制性，并不排除思想政治教育的引导性；相反，二者应更有效地结合。

第二，使思想政治教育更具规范性。思想政治教育以管理为载体，其所依托的组织纪律、规章制度等，一般都通过文字以书面的、条文的形式表现出来。它们规定教育者、教育对象可以做什么、不可以做什么，应当做什么、不应当做什么，具有强制的规范性。

第三，有效发挥思想政治教育的渗透作用。思想政治教育正确地利用管理载体，在管理活动中发挥思想政治教育的优势，把思想政治教育与管理结合在一起开展工作，可以比较好地解决思想教育与其他工作“两张皮”的问题。

(3) 发挥管理载体作用的保障。为了有效运用思想政治教育管理载体，充分发挥其重要作用，我们必须在思想政治教育管理中，注意以下两个方面的问题。

第一，提高思想政治教育者运用管理载体的水平。只有普遍、充分、恰当地运用管理载体，才能使思想政治教育信息或内容的承载和传递作用得到充分发挥。

第二，提高思想政治教育者的管理水平，规范管理程序，为思想政治教育创造良好环境。思想政治教育者的管理水平高低直接影响到管理效果。管理程序的科学规范，可以起到理顺关系、化解矛盾、进入有序状态的作用。如果管理混乱，就会增加思想政治教育的难度。

4. 大众传媒载体

大众传媒是科技发展的产物，是人类进步的表现，是社会文明的重要标志，也是人们了解社会、获取知识的重要手段。

(1) 大众传媒与大众传媒载体的内涵。所谓的大众传媒实际上就是一个社会信息网络，在这个以现代社会为基础的网络当中，社会成员接收到那些经过特殊渠道或方式传输过来的信息，并产生相应的信息反馈。这种手段具有一定公众性，它能将所有的文化、文明在经过加工整理和组织之后向大众进行广泛传播，通过潜移默化的形式对人类产生影响。

而大学生思想政治教育大众传媒载体是基于现代社会，相关部门和主体通过各种大众传媒方式，将相关的教育内容向学生进行广泛传播的方式。然后大学生在接收社会信息的同时也能进行思想政治方面的相关教育，最终实现全面发展。

（2）大众传媒载体的产生与发展。大众传媒载体是伴随着科学技术的发展和社会的进步逐渐产生的，它的发展大致经历了三个阶段。

第一阶段，是报纸、杂志、书籍等印刷类载体的出现。19 世纪三四十年代，“大众化报纸”在美国、英国等率先兴起，被传播学者称为“第一种真正的大众传播媒介”。在大众传媒中，报纸曾一度“一统天下”，它是以文字、版面等符号和手段传播信息的，以刊载新闻和时事评论为主要内容，以定期、连续、散页的方式向公众发行的出版物。杂志，又被称作期刊，是一种定期出版物，有固定名称并以期号形式间隔不断地出版的。书籍是用文字、图画或其他符号书写、印刷的著作物。

第二阶段，是广播、电视、电影、录像等电子音像载体的出现。广播是指通过无线电波或导线传送声音、覆盖面最广的电子类大众传播媒介。我国的广播事业最早起源于 20 世纪 20 年代初期，最早的广播是由外国商人开办的，中国人最早自办的是 1926 年 10 月 1 日开播的哈尔滨无线广播电台。

第三阶段，则是近几十年来互联网络、手机、数字媒介等网络传播载体的出现。这是大众传媒载体所能达到的最高水平，目前它已经进入了高速发展时期，尤其是在我国的发展速度更是惊人。网络传媒体现了思想政治教育载体的现代性，因而成了现代思想政治教育的主要载体。

（3）大众传媒载体的作用。一般来说，作为思想政治教育的大众传播载体，它的作用主要有以下三个方面。

第一，促进思想政治教育内容的改进。大众传播载体的快速性特点，有利于促进思想政治教育内容的改进。在传播领域，大众传播载体的传播速度和距离，远远地超出了人际传播的限制，尤其是电影、电视、网络等电子媒介出现后，以电波每秒 30 万公里的速度传播，相当于绕地球 7 圈半，瞬间就可以把新闻信息传播到千家万户，播出的时间与收到的时间几乎是同步的；网络媒体更是打破了传统的地缘政治、地缘经济、地缘文化的概念，破除了传统的时空观，形成了一个跨国界、跨文化、跨语言的开放性、互动性的信息传播媒介。这样，世界在时间上实现了同步、在空间上实现了同位，导致整个世界变成了“地球村”。这种快速性使得思想政治教育者与受教育者教育的互动和信息的互换，从而进一步丰富了思想政治教育的内容或信息。

第二，促进思想政治教育显性效果的发挥。思想政治教育的大众传播载体以直观的方式刊登或播出的信息，具有形象、直观、直接的特点。它通过多种形式全方位刺激人的听觉、视觉等感官系统，让人看得见、感觉得到、容易了解，从而在感情上引起共鸣。从这个层面上说，大众传播载体能够促进思想政治教育显性效果的发挥。

第三，促进人们新观念的形成。大众传媒载体传播的内容和受众都具有宽泛性，尤其是其中的“网络载体”，它是现代科学技术发展的产物，是一种全新的大众传媒载体，也是思想政治教育中最现代、最重要的载体。它是通过电子信息交换系统中最先进的“网络”方式，把丰富多彩、生动活泼的思想政治教育信息传递给人们，促进人们形成新的观念，即形成时代发展所要求的思想观念、政治观点、道德规范以及健康的精神状态。

（4）发挥大众传媒载体作用的保障。大众传媒尤其是其中的网络载体，为现代思想政治教育提供了有利条件的同时，使得现代思想政治教育面临一系列严峻挑战。因此，我们有必要采取措施，切实发挥大众传媒载体的作用。

第一，加强立法、强化管理。针对大众传媒中的网络载体所出现的暴力、色情以及其他不利于社会和人健康发展的现象，我们要加强立法、强化管理，利用立法和行政的强制力作为保障，使网络健康有序地发展，为现代思想政治教育服务。

第二，注重内容的真实性和健康性。由于大众传媒尤其是网络载体传播信息快而多，给人们以直接的影响，因此，在网络传播中一定要注意内容的真实性和健康性。只有网络传播内容真实、健康，才能保障网络载体更好地发挥思想政治教育的功能。

第三，倡导健康文明的网络道德。网络道德是指国际互联网有关的文化观念和道德内容，包括上网者及其在网上的思想流露、文化修养、道德规范、道德表现和相互之间的思想和道德影响等。因此，应倡导健康文明的网络道德，传播积极健康的网上信息，引导大众健康上网，这是发挥传媒载体作用的重要保障。

（二）现代思想政治教育载体的特征

所谓特征，是指一事物区别于他事物的显著特点和标志。可见，思想政治教育载体的特征，既是载体区别于其系统内的其他因素，又是对其内涵的深入认识和解释。

学术界关于思想政治教育载体特征的分析，观点各异。其中以“三特征”论[1]、“四性”论[2]、“五性”论[3]以及“六性”论[4]最具代表性。

除此之外，还有很多学者从微观视角对某些具体的思想政治教育载体的特征进行了分析和概括。

综合以上学者关于思想政治教育载体的特征的分析，思想政治教育载体的主要特征有以下几点。

1. 中介性

思想政治教育特性中的中介性[5]，主要是基于思想政治教育的主客体、思想“内化”“外化”之间，具体论述如下。

第一，对于教育主体和教育客体也就是大学生来说，思想政治教育的载体就是两者之间的桥梁或中介。首先我们要有这样一个认知，不管是教育主体还是教育客体，都是社会的人，他们对情感交流或思想的表达上面有一定的愿望和要求。教育内容的承载或信息的传递就是要通过载体来实现，可以说它们的平台与阵地就是思想政治教育的载体。通过思想政治教育载体的这种纽带和桥梁作用，思想政治教育的主客体之间的教育才能顺利进行，否则就给大学生思想政治教育带来很大的不便，思想政治教育的实施效果就会大打折扣，所谓的教育目的自然也就无从谈起。

第二，思想政治教育载体是实现教育客体的思想“内化”与“外化”的中介。“思想政治教育过程实质上是一个思想转化过程。”在思想政治教育过程中，教育客体获得内在的思想品德认识并通过一定的思想政治教育载体外化为一定的思想品德习惯，需要思想政治教育载体这一中介物质。因此，都会受到思想政治教育载体的作用的影响。一旦离开这种载体，“内化”“外化”之间就不能顺利衔接，思想政治教育的过程自然也就不能

---

[1] 何海兵的“三特征”论：“整体性和有序性的结构特征；承载性、中介性、可控制性的本质特征；广泛性、渗透性、可塑性与社会性的外在特征。”

[2] 王升臻和张华的“四性”论：认为思想政治教育载体具有“承载性、传导性、关联性和互动性”四个方面的特征。

[3] 张耀灿等人的“五性”论：认为思想政治教育载体具有“承载性、中介性、可控性、目的性和阶级性”的特征。

[4] 陈万柏的“六性”论：认为思想政治教育载体具有“客观性和主观性、实践性和发展性、承载性和传导性”的特征。

[5] 中介性是指思想政治教育载体具有联系教育主体与教育客体、内化与外化、主观与客观、内容与形式的中介特性。

称之为完整。

2. 可控制性

与其他学科的教育相比，受目的、计划和组织活动的影响。在操作和可控制性[1]方面，思想政治教育要相对容易一些。大学生思想政治教育的载体是教育过程中的一个要素，其具备自觉、有为的特点，通过对内容形式和过程规模进行控制和操作，可实现大学生思想政治教育的目的，使大学生在教育主体的要求下形成相应的行为习惯和思想意识。因此，我们说教育主体主导着思想政治教育的整个过程。反之，大学生思想政治教育载体的价值或功能就会遭到削减甚至是丧失，所谓的教育自然也就会沦落为一种形式。

之所以说思想政治教育的载体是可控制的，是因为对于思想和信息来说，它具有承载和传递的功能，与此同时载体还具备外显性和可感知性，并对人的思想产生影响。也正是因为思想政治教育载体所具备的这些特性，所以在运用的过程当中教育主体要有所选择，争取使载体的作用发挥到最大。

3. 阶级方向性

在任何一个国家或社会中，国家集团或阶级的存在决定了他们掌握着全民思想政治教育的载体，对大学生自然也不例外。由于服务对象特定，大学生思想政治教育载体具有一定的目的性、阶级性、政治性。马克思主义经典作家就认为所谓的大众媒体主要是为统治集团的舆论宣传服务，是一种统治阶级为了方便统治而使用的工具，形象一点讲，就是统治阶级的“耳目”与“喉舌”。大学生思想政治教育载体的阶级方向性主要表现在以下两方面。

首先，不管是主体还是客体，其在思想政治教育过程中都具有阶级性，由于他们要考虑各自阶级的利益，因此就要从不同的政治观点、思想观念以及道德规范出发选择适合的运用载体，这就注定了大学生思想政治教育载体阶级色彩的先天性。

其次，在对大学生进行思想政治教育的过程中，所使用的内容也具有阶级性，通常内容决定载体性质。思想政治教育的内容经过载体的传播，使得载体具备了内容所赋予的阶级烙印。由于现代社会的开放性，经济全

[1] 可控制性，是指教育主体能够操作与控制其载体，这是思想政治教育主体性和目的性的突出表现，也是思想政治教育载体的外显性和传导性的表现形式。

球化更加凸显了思想政治教育载体的阶级性。

总而言之，由于不同阶级的思想内容和利益不同，导致思想政治教育载体一个明显的特征就是不同的阶级指向性。

4. 科技性

现代人类信息化社会的形成是以科技进步与生产力发展为基本前提的，而现代思想政治教育载体特别是网络载体，又是人类现代社会发展的产物，因而其具有信息化的“科技性”特征。

当代大学生在进行思想政治教育的过程中载体的性质已经发生了很大改变，与传统的载体相比，现代科技载体在扩大教育覆盖面的同时对教育的有效性也做出了很大程度的增强。由于技术的不断更新与提升，思想政治教育的载体也必将处于一种动态的不断变化当中，但不论思想政治教育载体如何变换，导致变化的根本原因都是科学技术的改变。

5. 开放性

对于当代大学生的思想政治教育载体来说，一个非常重要的特征就是开放性，这种开放不仅仅是针对思想政治教育过程中信息交流平台的开放，还包括传统载体。开放性的特征主要有以下两点。

第一点就是在现实的基础上决定思想政治教育载体的发展方向，并为未来的开放性发展奠定基础，因此，载体的发展性和开放性共同决定了当代的大学生思想政治教育载体的开放性发展。与此同时，我们还需要知道的一点就是载体的历史性也由载体的发展性决定。

第二点就是运用层面，由于当前社会网络已经非常发达，信息在传递的过程当中已经不受地域或空间的限制，当代大学生思想政治教育载体的开放性运用指的就是这些方面，通过这些手段，思想政治的教育信息可以在全球范围内进行传播，但我们也不得不认识到这种方式的局限性，那就是大学生思想政治教育的空间在扩展的同时，教育的难度也会相应增加。

6. 整合性

把思想政治教育传统载体与数字媒介载体、互联网载体相整合，可以使载体更加形象化、生动化，不仅可以拓展思想政治教育信息，扩大思想政治教育的辐射范围，加强思想政治教育的感染力和说服力，而且可以增强网络载体的思想政治教育功能。

现代思想政治教育载体各要素形态的整合运用，正是现代思想政治教育载体整合性的重要体现。此外，传统媒介与网络媒介、新数字媒介的优势互补、组合运用更加凸显了现代思想政治教育载体的整合性特征。

在上述思想政治教育载体的特征中，中介性、可控制性和阶级方向性是任何时期的思想政治教育载体所共有的特征，而科技性、海涵性、开放性和整合性则更集中体现了思想政治教育载体的现代性特征。

三、大学生思想政治教育载体的选择与运用

不断丰富、发展的现代思想政治教育载体，既为我们的选择提供了更广阔的空间，也增加了载体选择的难度。因此，根据思想政治教育的不同内容选择与运用适当的载体，是加强和改进思想政治教育的必然要求。

（一）把握方向性

这里的方向性，是指在选择和运用现代思想政治教育载体时，必须与培养社会主义事业合格建设者和可靠接班人、培养德智体全面发展的高素质人才等目标保持一致，有明确的方向性。

我们在思想政治教育中，只有坚持现代思想政治教育载体的方向性，才能使载体能够承载起先进的思想意识、政治观念、道德观念以及行为规范，才能适应思想政治教育的内在要求。

（二）明确目的性

这里的目的性，是指在选择与运用思想政治教育载体时，要有明确的目的，必须与思想政治教育的根本目标保持一致，即要发挥思想政治教育载体的功能和效用，促进人的全面发展和社会的全面进步。如果思想政治教育载体与教育目标不一致或相背离，载体就失去了应有的价值和意义。

在思想政治教育中，要做到有目的地选择和运用教育载体，有两个方面是必须注意的。一是服从思想政治教育的根本目的。要选择和运用有利于实现思想政治教育目的的载体，改进和舍弃不利于实现思想政治教育目的载体。二是有明确的目的性。“运用某一载体或某些载体要达到什么目的，教育主体应该心中有数，只有这样，载体的运用才能达到预期的效果。如果目的不明确，载体的运用就可能流于形式。”[1]

（三）注重实践性

这里的实践性，是指在选择思想政治教育载体时，充分考虑其自身所

[1] 陈万柏. 思想政治教育载体论［M］. 武汉：湖北人民出版社，2003.

具有的社会实践性，能有效地为思想政治教育实践服务，从而增强有效性和吸引力。它揭示了社会实践与思想政治教育载体的相互依存关系，是选择和运用思想政治教育载体的根本要求。[1]

在选择和运用思想政治教育载体时，要做到坚持实践性，有两个方面是必须注意的。一要注重客体需求性。我们选择和运用教育载体时不能只从概念出发，而要从教育客体的需要和利益出发。二要注重可操作性。思想政治教育载体不仅要有理论的东西，而且必须为思想政治教育主体所操作、控制和驾驭，才能发挥其作用。

（四）突出新颖性

这里的新颖性，是指在思想政治教育过程中，选择和运用的载体必须内容充实、形式新颖，并能使思想政治教育载体具有趣味性、生动性和多样性，激发思想政治教育客体的浓厚兴趣，增强吸引力。

大学生思想政治教育载体在选择和运用时，新颖性是始终要坚持的一项原则，必须要注意三个方面的要求。一是要注重对传统载体的继承与改造。传统载体同样是思想政治教育实践的产物，在思想政治教育中也发挥过重要作用。所以，对传统载体既要继承合理成分，又要改造不合理的成分，使其重新焕发活力。二是要注重依靠现代技术，创新运用载体的手段，使教育载体的作用得到充分发挥。三是要注重依靠现代技术，继续创新教育载体，使教育载体适应思想政治教育发展的需要。

（五）坚持相关性

这里的相关性，是指“选择和运用思想政治教育载体，必须充分注意载体系统与外部环境之间以及载体系统内部各具体形态之间的相互联系和相互作用”。

在选择和运用思想政治教育载体时，要坚持相关性，必须注意两个方面的要求：一是要注意载体自身系统内部各具体形态之间以及各种载体之间的相互联系和相互作用。二是要注意载体系统与外部环境之间的相互联系和协同作用。在思想政治教育过程中，效果如何不仅取决于载体之间的相互作用力，而且取决于外部环境的作用。

对于大学生思想政治教育来说，在对载体进行选择和运用的时候，一

---

[1] 毛泽东同志说：“如果要直接地认识某种或某些事物，便只有亲身参加于变革现实、变革某种或某些事物的实践的斗争中，才能触到那种或那些事物的现象，也只有去亲身参加变革现实的实践的斗争中，才能暴露那种或那些事物的本质而理解它们。”

定要注意载体与客体接受教育的环境的适应程度，只有当环境与载体都处于一种良性运行的状态时，大学生思想政治教育的目的才能最大限度地实现。

第四章　大学生思想政治教育过程

大学生思想政治教育的过程是以人的思想政治品德的形成过程为依据，由教师、学生和社会要求这三个主要因素相互作用，并由此产生众多思想政治教育成分之间矛盾运动的复杂历程。

本章主要围绕大学生思想政治教育的过程概述、大学生思想政治教育过程中的表现、大学生思想政治教育中的规律，展开具体探讨。

第一节　大学生思想政治教育过程概述

任何事物的发展都会经历一个过程，大学生思想政治教育也不例外。下面，我们主要围绕该过程的含义与矛盾展开进行深入探讨。

一、大学生思想政治教育过程的含义

大学生思想政治教育过程的构成要素由条件和成分两大部分组成。思想政治教育过程的构成条件主要有三个，即教师、学生和社会要求的思想政治品德规范。而大学生思想政治教育过程的构成成分是指由三个主要条件交互作用所产生的教育目的、任务、内容、途径、方式方法以及教育效果等。

为了说明区分构成条件和构成成分的必要性，我们有必要简要考察马克思分析劳动过程的情况（尽管劳动过程和教育过程有其不同的特点，但其基本要素和程序有一致之处）。马克思认为，要进行劳动，必须有人，必须有生产资料，这是劳动的前提。而劳动过程是人的活动过程，这种活动包括引起、调整、控制三大要素。在分析劳动过程的基础上，马克思认为，劳动活动的条件与劳动过程的成分是不可相提并论的。

实际上，区分大学生思想政治教育过程的构成条件和过程的成分，能够帮助大学生理解该过程的含义，主要体现在三个方面，具体如下。

（1）有助于正确理解教育因素之间的关系。在对思想政治教育过程的

含义的说明中，理论界有不同的观点，其中主要有两种观点，具体如下。

其一，认为思想政治教育过程由三因素组成，即教师、学生和社会要求。

其二，认为思想政治教育过程由五因素组成，即教育目的、任务、内容、方式方法和效果。

这两种意见都只强调了思想政治教育过程的一个方面，前者强调了过程构成的条件，后者则强调了过程构成的成分。两者实际上是密不可分的。有了三因素，并不意味着自然而然会形成正确的教育目的、任务、内容、途径、方式方法等；同样，只强调五因素，而忽视教育条件，那么整个教育过程就无法顺利进行。

（2）有助于正确理解教育过程，防止割裂教育条件之间的联系、片面强调某一条件同时否定另一条件的倾向。如不顾学生的心理发展状况，片面强调“教师中心”、过分突出教师的控制作用；或不顾社会要求、放弃教育控制而片面强调学生的心理；或不顾教师和学生的实际情况等。

（3）注意研究问题和解决问题的系统性。马克思认为人的活动表现为引起、调整与控制，这种过程就表现为社会、心理和控制三种成分的统一。三因素的交互作用，引出了社会方面的、心理方面的和控制方面的诸多成分，这些成分相互联系、相互渗透、相互作用，如目的决定教育活动的内容和方法，同样，方式方法也会影响教育内容的传递，方式方法的变化也会影响内容的变化等。具体地讲，教育过程的成分是教育条件的综合作用的产物，而不是某一教育条件的产物，即教育目的、任务、内容、途径、方式方法、效果等不是由某一因素或条件所单独决定的，而是三个条件相互作用的产物，这一点需要引起我们的重视。

不容置疑的是，思想政治教育是教师依据社会要求的政治观点、思想体系和道德规范，根据学生的身心发展特点开展教育活动，以培养和发展学生良好的思想道德素质的过程。它包括两方面的活动，即教师施加影响和学生接受影响。

正确理解教师、学生和社会要求的相互关系，具有十分重要的意义，因为只有做到这一点，才有可能正确把握思想政治教育过程。在规定思想政治教育的目的、途径、方式方法时，必须从三条件的相互制约关系出发。要看到，思想政治教育的目的、任务、途径、方式方法是思想政治教育过程构成三条件相互作用的产物。例如，教育任务的确定不单单是根据社会要求，还必须根据学生的思想心理状况以及教师的控制能力状况。由此可见，既要注意克服不顾学生的身心发展状况而过分强调社会要求的倾向，或过分突出教师的控制作用而忽视学生的主动性的倾向，又要注意克服不顾社会要求、放弃教育控制而过分强调学生心理需求的倾向。具体说来，在处理三条件关系时，必须遵循一些原则，主要体现在以下两个方面。

(1) 思想政治教育必须遵循社会需要的发展规律，即把握社会发展的客观需求所规定的任务。

(2) 思想政治教育必须遵循人的身心发展的规律。

大学生思想政治教育是制约学生全面发展的重要因素，而学生自身发展的一般水平反过来又影响思想政治教育的内容、形式与方法。根据苏联心理学家维果茨基的“最近发展区”概念，思想政治教育必须充分考虑学生对教育影响的感受性和接受可能性，即思想政治教育不仅要提出学生思想品德塑造的长远目标，更要考虑教育要求与学生思想品德演进的“最近发展区”的紧密联系。

在教师、学生和社会要求三条件的相互作用过程中，每一条件内部又包含着诸多因素，这些因素构成了矛盾运动，且相互联系、相互制约、相互作用。例如，社会要求必须具备科学性，教育目标任务要有明确性、针对性，教师要有科学的思维方式、较高的思想道德水平、丰富的教育经验，学生要有上进心等。

从发展的角度来看，大学生思想政治教育过程主要包括以下三个阶段。

(1)“内化”阶段[1]。

(2)“外化”阶段[2]。

(3) 教师和学生相互联系，评价个体行为产生的社会效果，以便进一步调节教师和学生实施“两个转化”的行为。其实，这也是一种内化过程，一种更高程度的内化。

从心理过程来看，这一过程是教师通过系统的教育措施、活动培养人们知、情、意、信、行的过程。人的思想政治品德的形成，是知、情、意、信、行诸因素相互作用、辩证发展的过程。

总之，这一教育过程的展开应该是一个符合规律性的过程，即大学生思想政治教育过程必须符合人的思想形成变化发展的内在规律以及符合教育活动自身的内在规律。

---

❶ 教师首先把社会要求的政治观点、思想体系、道德规范灌输给学生，学生则在各种因素的综合作用下，有选择地接受这些教育影响，并转化为个体意识和动机。

❷ 教师促使学生把个体意识和动机转化为良好行动和行动习惯。

二、大学生思想政治教育过程中的矛盾

大学生思想政治教育过程包含着许多矛盾。对这些矛盾的考察，可以循着以下两个层面进展。

第一层面是考察大学生思想政治教育过程的构成条件之间的矛盾，即分析社会要求、教师、学生三个基本条件相互间的矛盾关系以及它们各自与社会大环境的矛盾关系。

第二层面是考察思想政治教育过程的成分之间的矛盾，即分析教育目标、任务、内容、方式方法以及效果等之间的矛盾关系。

而这两个层面的诸多矛盾有其共性，这个共性就是大学生思想政治教育过程的基本矛盾。

该基本矛盾主要表现在两个方面，即大学生思想政治教育过程的构成条件之间的矛盾与大学生思想政治教育过程的构成成分之间的矛盾。由于篇幅的限制，我们将对大学生思想政治教育过程的构成成分之间的矛盾展开具体论述。

大学生思想政治教育过程的构成成分有教育目的、任务、途径、方式方法与教育效果，等等。它们不仅相互间有矛盾关系，而且本身内部也存在着矛盾，主要体现在以下三个方面。

（一）教育内容与教育形式的统一问题

在大学生思想政治教育过程的诸成分的关系问题上，矛盾的情况是比较普遍的，它们之间的对立对教育效果产生了直接影响。例如，在大学生思想政治教育的过程中，我们比较注重培养认知，忽视熏陶情感；注重思想，忽视心理；注重目的，忽视途径；注重传统，忽视创新；注重形式，忽视效果等。我们要对思想政治教育内容内部的一些矛盾关系以及教育内容与教育形式的矛盾关系，进行认真处理。

1. 教育内容中需要处理的关系

在教育内容中，有一些关系需要处理。经过长期的研究与分析，我们对其做出了总结，主要归纳为以下三个方面。

（1）关于思想政治教育基调的确定问题。近些年来，关于思想政治教育的提法有一些变化，如党的十二大政治报告中提出要建设“高度的”社会主义物质文明和精神文明，建设“高度的”社会主义民主和法制。而党的十三大政治报告则提出社会主义初级阶段的理论和共同理想的理论，并

将十二大政治报告中所提出的“以共产主义思想为核心的社会主义精神文明建设”改为社会主义精神文明建设是塑造人们的“思想道德素质”。基于此，在一些人看来，教育基调要低，当然，也有人主张与之相反的观点。如果脱离实际情况地主张教育基调高或低，那么将不利于实践。显而易见，我们只有做到实事求是，才能正确地确定教育基调。

（2）教育内容的宽窄问题。这种问题也就是教育内容采取一面法❶还是两面法❷的问题。这要根据学生的不同情况和教育要求具体而定，通常有以下几种情况。

①根据学生了解的信息情况而定。有两种情况比较典型。

第一，如果学生只了解单方面的材料和观点，那么采取一面法较好。通过继续深入地介绍同类性质的新材料和新观点，会使学生产生更大的兴趣，坚定信念和态度；如果采取两面法，那么学生将产生疑惑。

第二，如果学生已了解对立双方的材料和观点，那么采取两面法较好。教师通过两种对立材料的比较，强化自己的观点，论证这种观点的优越性，使学生在比较鉴别中接受；如果采取一面法，那么学生会产生抵触心理，因为他们会认为自己受到了蒙蔽。

②根据学生对教师的信赖程度而定。如果学生对教师很信赖，那么采取一面法较好。这里存在着“自己人”效应的作用。如果学生对教师不信赖，甚至严重抗逆，那就必须用两面法，即既介绍教师赞同的观点和材料，也同时介绍对立的观点和材料，以缓解其紧张心理。

③根据教育要求而定。如果要求学生即刻完成一项即时性任务，那么采取一面法较好；如果要求学生从事一项长期性任务，或者要求学生对某个问题形成长期坚定的观点和信念时，就应该说明对立双方的观点和材料。但在进行两面分析时，一定要让正面论点的优越性充分显示出来，并说明持自己观点的理由。

（3）教育内容的情理结合问题。在教育内容需处理的关系中，除了以上两点以外，还有一点需要我们在这里进行具体论述，即教育内容的情理结合问题。

人类的情感与理智往往是一对矛盾。大学生思想政治教育究竟是诉诸学生的情感，还是诉诸理智？这在教育内容的安排中是必须解决的关系。诚如，人们从美好愿望出发认为最好是情理交融，但如何“交融”已成为一个重要问题。

---

❶ 所谓一面法，是指教育者只介绍有利于证明自己所阐述观点的单方面的证据与事实。

❷ 所谓两面法，是指同时也介绍对立方面的观点和论据。

一些专家与学者进行了相关研究，结果表明在使学生形成某种思想观点的过程中，教育内容的情感成分与理智成分的作用有各自的特点，主要体现在以下两个方面。

①偏重情感成分的教育内容，能使人们在较短时间内形成某种观点，或采取某种行动；而偏重理智成分的内容与之相反，比较稳定持久。

②对于不同层次的学生，这两种教育内容将对其产生不同影响。受教育程度较低，阅历较浅，不具有太强评判识别能力的学生，往往容易受到偏重情感成分内容的影响；反之则易受偏重理智成分的内容的影响。

2. 教育内容与教育方式方法的相协调

实际上，大学生思想政治教育有不同的途径，且各自起到不同的作用。比如，理论教育较适合形成学生世界观的基本原则，而宣传教育更适合于形成学生的社会舆论与对当前事态的看法和态度，文艺教育有利于形成学生的道德感、美感等，而日常性的思想政治教育则有利于形成学生的人格、个性特征等。

同一内容也可以有不同的实施途径。如同样是政治教育，可以通过两种手段，即直接政治社会化的手段、间接政治社会化的手段。

（二）教育过程的综合作用问题

这一问题涉及有关的教育论以及各种教育论的实质与思想政治教育的实质是什么关系。形式教育论认为，教育过程主要是训练学生的心理能力，传授掌握知识的手段。实质教育论认为，教育过程就是传授实用的知识和品德的过程，在掌握知识的过程中自然发展学生的心理能力。陶冶教育论认为，靠语言传授知识、靠机械训练教育价值不大，主张只有靠自身劳动获得的经验、知识技能，才是最实在、最确切、最有价值的内在力量。结构教育论把教育过程的核心问题看作课程问题，课程的核心是知识结构和智力结构问题；认为只有找到合理的知识、智力结构，再用发现法进行教育，就会出现任何年龄面前都不难进行教育的知识，就会大大缩减教育过程中学生发展认知能力的时间，提高教育效能；为此要充分利用和发挥学生的“直觉思维”和心理能力的普遍迁移作用。从本质上来讲，结构教育论就是形式教育论在当代的新发展。思想政治教育过程的核心问题是注意将上述教育论或教学论有机统一起来，成为若干教育论综合作用的产物。所以，每一位教师都应该在教育中融汇这些教育论，理清它们各自的功能，正确处理理论知识传授、能力培养、心理训练、社会生活经验训练、发展认知结构等之间的关系，并且注意在教育过程中根据不同情势而突出某一方面的问题。

（三）教育的深度与广度问题

在大学生思想政治教育过程的矛盾中，除了以上两点以外，还有一点需要我们在这里进行具体论述，即教育的深度与广度问题。

大学生思想政治教育要以追求教育效果为根本目的，这就产生了一个影响力大小的问题。同样的行为，可以出自不同层次的态度，所以很难从行为结果来推断一个人行为动机的好坏，但脱离行为也无法判断动机的好坏。这就意味着行为动机与行为结果的统一是很有必要的。从广度来看，思想政治教育还存在着一个“覆盖面”和“受益面”大小的问题。这里所谓的“覆盖面”主要指教育活动的波及面大小和参与人数的多少，而“受益面”主要是通过这种教育活动究竟有多少受众感受到教益以及教益的深浅，这些问题都很难用计量的方法明确解决。可以存在如下的情况：有些思想政治教育的活动规模和声势很大，动辄就是全国规模的架势，表面上看起来覆盖面很广，但可能实际受众不多，具体影响力也不大，从而出现教育成本高、教育效果较低的反差现象。长期以来，我们对教育活动本身与教育效果关系的理解不够客观，往往没有意识到教育活动开展与教育效果之间有“黑箱”的存在，在这个黑箱之中发生的演变过程究竟如何，是人们应该继续关注且需要及时解决的问题。

第二节　大学生思想政治教育过程中的表现

大学生思想政治教育过程可以表现为遵守若干种过程的综合作用过程，这些过程主要指人的心理活动过程、社会态度形成与改变相统一的过程、教师实施教育活动与学生进行学习两者相配合的过程、教育方开展灌输与受教育方进行选择接受相联系的过程以及内化与外化不断循环往复交替进行的过程等。这些过程共同作用于人的思想观点、思想方式和个性形成之上。下面，我们主要围绕大学生思想政治教育过程中的表现展开具体论述。

一、教育遵守人的心理活动过程的问题

人的心理活动过程中存在一系列心理因素。在这些心理因素以及它们的相互关系中，人们比较熟悉的环节有知、情、意等，但对它们的丰富内

涵还缺乏深入的探究。而其他学科则在这方面有比较深入的研究，如美国布鲁姆的《教育目标分类学》就对认知、情感和行为的各自内涵以及它们的相互关系做了研究。同样，人们对于信念和行为以及行为与行为习惯、品质等要素间的关系的认知，还有许多值得探讨的问题。例如，以往的思想政治教育仅仅关注到知、情、意、信、行五个环节，但对“行动或行为”缺乏深入的研究。实际上，在人们的行为基础上，还应该有习惯和品质两个重要环节值得关注。也就是说，人们的思想政治品德认识要通过行为表现出来，而引导人们形成合乎社会要求的思想政治品德行为，实行知行统一，是思想政治教育的基本要求。人们具备了思想政治品德认识，只是第一步，只有当他反复完成某些正确行为，并且这种行为已成为习惯时，这些行为要求也就能够成为其品德素质。

从认识到行为的转化需经过很多环节才能真正实现。其中，情感与意志都是很重要的因素。而且，其中还间杂着一些复杂的因素作用，如认识转化为行为还必须选择相应的行为方式，即一定的内容必须通过一定的方式表现出来。常常可以发现如下的情况：人们有了正确的认识，产生了行为动机，但由于行为方式选择不当，导致意料之外的行为后果。[1] 由此可见，在认识转化为行为的过程中，必须对学生进行行为规范的教育，培养人们能根据不同的情况、选择各种不尽相同的正确行为方式的能力。

大学生思想政治教育的重点和发端，在具体的教育过程中会出现变化。在人的心理过程发展中，除了提高人的认识水平、将认识转化为正确行为之外，在社会环境和个人思想矛盾的综合作用下，学生的知、情、意、行的发展方向与水平往往不太平衡。实际上，人们的言行方面常常有以下三种情况。

（1）言行一致。这种情况表明学生的知、情、意、行诸因素在发展方向和水平上是一致的。

（2）言行基本一致。这种情况表明诸心理因素在发展方向上基本一致，但发展水平有差异。

（3）言行不一致。这种情况表明诸心理因素发展水平严重不平衡，发展方向也不一致。

人们的知、情、意、行诸因素发展方向和发展水平的不平衡，决定了思想政治教育必须根据学生诸心理因素的发展状况和教育因素的变化情况，具体确定教育重点及发端。换言之，讨论人的心理过程的内涵和环节，至少有两个重要基点，具体如下。

---

[1] 邱柏生，董雅华. 思想政治教育学新论［M］. 上海：复旦大学出版社，2012.

（1）要确认思想政治教育的“多端性”，即思想政治教育应该根据学生的实际情况，明确相应的教育“切入端”。这种教育切入端可能从传授思想政治品德知识、发展认知开始，也可能从情感交融起始，逐步培养和丰富人们的相应情感入手，还可以从磨炼意志或从训练行为、培养良好行为习惯入手等。这种教育的多端性显示出教育的针对性和灵活性，也要求教师发展相应的能力以适应教育的多端性要求。

（2）注意心理过程诸多环节展开和相互转化的条件支撑。要看到从认知、情感、意志、信念到行为的诸多环节之间关系维护以及相互转化，从来都是有条件的。研究它们转化的条件是人们长期以来不够重视的问题，人们习惯于认为这种转化是自然而然的过程，而没有充分认识到这种转化不仅仅需要基础性的边界条件，而且需要更多、更具体的操作条件。

二、灌输与接受相统一的问题

近些年来，大学生思想政治教育中的接受问题开始引起本学界的关注，之后对它的研究可谓是络绎不绝。这些研究大致涉及思想政治教育接受系统的构成要素、运作机制、影响因素、基本类型以及不同教育模式的接受效果等。而且，这些研究基本上还是停留在原有的水平。或者说，由于在研究方法论上没有任何突破，所以在具体内容研究上也就没有质的飞跃。其中有三个问题需要引起我们的重视，具体如下。

（一）实验基础问题

大学生思想政治教育的接受问题研究离不开理论指导。比如，近年来人们已逐步认识到必须重视诸如现象学、解释学，特别是哲学解释学这样的学科知识的借鉴作用，认为它们可以对我们深入研究接受问题大有裨益，如哲学解释学被认为是一门研究读者理解与接受思想文化客体活动规律的哲学理论，它从本体论的维度上对读者的理解和接受活动做了分析，蕴涵着丰富的接受理论。而从本质上来讲，大学生思想政治教育接受就是一种对具有意识形态属性的思想文化客体的深刻理解和领悟活动，契合于哲学解释学。因此，借鉴哲学解释学的有关理论和思想，对深入分析思想政治教育接受目的、接受能力、接受影响因素和接受效果有重要的启迪作用。还有一些更直接的理论如接受美学和接受理论等，这些见解与意见无疑都是正确的。

但我们必须清楚地意识到一点，即大学生思想政治教育的接受，绝不是一个纯理论问题，而是一个必须经由大量社会实践试验与检验的过程，即充分利用我们的教育实践活动来实际考量我们已提出的若干有关接受的理论假设。然而，这里又存在着一定的教育风险，即一旦失败，相应的教育投入和预期的教育效果就可能付之东流，更何况有时候的教育机遇是转瞬即逝，一旦错过就无法弥补。因此就存在一种事先开展相关教育实验的尝试，可以先行设置若干实验组和控制组，依据有关理论假设，对实验组下达相应的教育措施，在经过一个约定时段的“发酵”或起作用的过程后，再与没有经历相关教育程序的控制组进行比较，以形成初步的结论。在此基础上，再进行若干次循环往复的实验对比，最后得出比较客观的结论，并予以逐步推广。这就是我们所说的要有实验观点和实验基础，而这种实验意识和实验观点是我们长期以来所缺乏的，在如今看来又是十分重要的。也就是说，我们不仅要有实验意识，而且应该做出相应的制度设计和制度安排。当然，思想政治教育接受研究中的实证研究是一个比较复杂的问题，我们对其中内含着的自变量与他变量两者的界定十分困难，因此有关实验组与控制组的设定也就比较困难。因为一般来看，实验组就是人们试图对其进行实验处理的组，而控制组是不进行任何条件处理，仅仅是用来对照实验组的相关试验措施是否起作用的人群。问题是如果实验时间比较短暂，人们可以控制住控制组的全体人员，使其不受到任何变量的影响；但如果实验的时间很长，控制组的人员已经受到大量他变量的影响，这时用实验组的实验结果对其进行比对的话，结论不会很精确、客观。到目前为止，我们还没有见到有很好的实验基础而形成的接受研究文献资料。从整个思想政治教育学科的研究来看，我们也基本上是以实践来代替实验，或者用笼统的问卷调查或访谈调查来表征实证研究，并且以为有了相关实证研究举措就有了实验基础，所以混淆了方法论中的一些关系。

（二）教育接受问题研究的逻辑前提

大学生思想政治教育接受问题研究的逻辑前提之一在于接受发生的心理机制究竟是什么。众所周知，人的神经系统反应有兴奋与抑制两大机制。可以认为，长期以来，思想政治教育的接受研究基本上是建立在兴奋机制之上的，尽管几乎所有的研究者都不会事先言明这种研究的理论基点，但实际上都已暗含着这种理论前提。人们总是在外部刺激引起人的大脑皮层高度兴奋的基础上，研究着人们如何对这些外部刺激产生注意、理解、接受等活动。而在这种接受研究中，自然不可回避如下现象：社会生活是复杂多样的，对人的大脑皮层而言的外部刺激来说，它的属性也应该是多种多样的，就通俗表达来说，既有好的刺激，也有坏的刺激。对好的刺激引起人的注意与接受这自然不在话下，但如果人对坏的刺激也照单全收的话，就可能会引起人们的警觉。在这种情况下，人们不得不惦记起大脑皮层的另外一个机制——抑制。抑制被认为是语言理解过程中一种重要的加工机制，如认知压抑，它阻止与任务无关的信息进入工作记忆，或从工作记忆中将与任务无关的信息排除出去的这样一种内在工作方式。人们对此总是希望做理想化的假设：在人们面对错综复杂的外部刺激时，如果这些外部刺激是好的，人们就充分发挥兴奋机制的作用；如果这些外部刺激是坏的，人们就发挥抑制的作用，阻滞这些不良信息进入人们的短期记忆库中。人的大脑皮层中兴奋与抑制两大机制的协同作用，使得人们的接受产生最佳效应。如今，在大学生思想政治教育接受研究中，无论是对兴奋还是抑制两者的基础研究都很薄弱。对如何加强这方面的研究，又缺乏比较明确的方向和技术路径。

（三）接受的被动性问题

在灌输与接受相统一过程的问题中，除了以上两点以外，还有一点需要我们在这里进行重点论述，即接受的被动性问题。

在思想政治教育领域，接受算是一个新问题。而在教育学上，接受问题（特别是接受学习）是一个老问题。二者存在这种差距的原因需要我们进行深入分析。

思想政治教育接受研究，是一个与灌输相对应但又有区别的问题，这一点几乎达到了所有相关专家学者的共识。近些年来，人们对灌输的理解总会出现两极跳跃的状况，或者对灌输问题一概否定，或者对灌输问题全盘肯定。就是看不到灌输实际上有许多表现形态，所以不能将它仅仅理解为人们不愿接受、教师偏要实行硬灌输的这一特例。问题不在于灌输理论本身，而在于实施灌输理论与要求的那种体制，这种工作体制被人们称为“以灌输为中心的层层对上负责制”，而这种灌输绝不像如今的商业广告那样，尽管商业广告实际上也是一种灌输，但可以听由人们自主选择，而思想政治教育的灌输与商业广告两者的体制明显不同，因为前者强制要求人们一一听从，原因主要是这一体制将灌输设置在一定的权力基础之上，仰仗着政治上层建筑的强势，试图对人们进行思想上层建筑的强制性压服，它忽视了人们的自主选择。久而久之，人们厌倦了这种硬灌输，其实更厌烦硬灌输背后的这种工作体制，从而连带着也讨厌了灌输。在这种情况下，人们提出了思想政治教育的“接受”问题，并对这类问题产生兴趣，其实质是对这种依仗权力进行硬灌输做法的某种修正，其研究旨趣更在于借接受问题的研究来呼吁重视人们的自主性问题，尽管这种呼吁并不彻底。

对于灌输本身而言，它相似于教学中的“接受学习”，在教育活动中并不会让人感到厌烦。因此，思想政治教育领域内讨论“灌输与接受”的关系问题，就仿佛跟教育学界讨论“接受学习与发现学习”两者的关系一样。我们可以断想，思想政治教育对接受问题的研究，毕竟在总体上具有受动性、被迫性、一定的选择局限性等特征，还不具备充分意义的自主性，但它最终应该朝兼具多种学习特征的开放性、组织性、主动性等方向发展。

在接受学习这种方式中，学生所学东西的全部内容都以确定的方式由教师传授给学生，学生无须进行任何独立发现，而只需接受教师提供的一切现成的材料来掌握既有的知识即可。接受学习可能是主动的，也可能是被动的。在这方面，美国著名心理学家奥苏贝尔的研究已经证明接受学习可以在有意义学习的基础上开展，所以它并不意味着就是机械学习或被动学习。他根据学习的材料与学习者原有知识之间的关系，把学习分为机械学习和有意义学习❶。在他看来，进行有意义学习必须具备以下几个条件。

（1）学习材料本身具有逻辑意义，即新旧知识在人类认识范围内可以建立实质性的联系。

（2）学习者认知结构中具有同化新知识的有关观念。

（3）学习者必须具备有意义学习的倾向，有一种将新知识与旧知识发生联系的愿望。

与发现学习相比较而言，接受学习存在一些差异，在对一般知识的学习效率、教育投入方面有优势，但在培养学生探究精神、创造精神和主动性方面却存在着不足。而发现学习的特点与接受学习的特点正相反。发现学习是通过引导学生运用教师所传授的有关知识构成之内在逻辑框架，去自行探索自己之前未曾掌握的知识，从而产生一种巨大的“发现”感，并刺激之后连续不断的自主性学习的一种方式。发现学习最本质的特征是强调学习应该是一种探究过程而不是掌握现成知识的活动。在发现学习中学生的主要任务不是接受和记住现成的知识，而是参与知识的发现；教师的主要任务也不是向学生传授现成的知识，而是为学生发现知识创造条件和提供方法论上的帮助，这种方法论主要是将知识和教学活动看作具有内在结构的体系与活动，教学的目的在于帮助学生掌握这些内在结构或逻辑，

❶ 有意义学习是与机械学习相对立的，其实质在于符号（语言文字及其他符号）所代表的新知识与学习者认知结构中已有的适当观念建立起非任意的和实质的联系。这里所指的非任意的联系，是指符号所代表的新知识与认知结构中有关观念在某种合理的或逻辑的基础上的联系，而实质上的联系则是指新的符号或符号代表的观念与学习者认知结构中已有的表象、已经有意义的符号、概念或命题之间的联系。

使其对新的知识进行不断探索。

在许多人看来，发现学习的历史与苏格拉底的“助产术”之间存在十分紧密的联系。苏格拉底的“助产术”作为一种教学方法，最突出的优点就在于它能够有效地激发学生的思考活动，促使其积极主动地去寻找正确答案，因而学生的思维非常活跃。但未必每个学生都具有学习上的主动性和自觉性。因此，到现代美国著名心理学家布鲁纳正式提出“发现学习”或“发现法”后，人们还是认为接受学习与发现学习应该有一种相互联系、相互配合的关系。同理，无论是灌输与接受也好，或者是接受与发现也好，都存在一种相互连接和配合的要求。通常情况下，对于一些最基本的知识体系，通常简便有效的方式是通过接受学习或灌输，而对于未知状态的知识领域，则应该主要诉诸发现学习。在思想政治教育活动中，同样也存在着已知知识与未知知识的领域，二者不可同日而语。

三、教育过程与学习过程相统一的问题

大学生思想政治教育过程是教师与被教师相互作用的互动过程，同时也是教育过程与学习过程双方交互作用的融合过程。一方面，教师根据社会要求和学生的身心发展规律施展相关教育活动；另一方面，学生在教学情境中通过各种途径与方式从事着各种学习。而对这种学习的探索历来是人们比较关心的问题，从而形成了学习理论。下面，我们主要围绕学习理论的相关问题展开具体论述。

（一）学习理论的含义与理解

从大体上来讲，学习理论的概念有广义与狭义之分。广义的学习理论涉及有关学习的所有考量，主要包括以下三方面的考量。

（1）为什么要学习的问题，即学习的目的性拷问。对此，国人通常都不以为然，都认为这是一个自然而然的过程。对于这个问题，实际上存在着不同的理解，从而导致不同的学习观，而不同的学习观又决定了不同的学习态度和方法、路径等问题。如“学以致用”和“学在求是”就可以看作是两种有差别的学习观。中国古人的学习有一个重要的目标，就是“经世致用”，讲究人们所学的东西必须对社会有用，研究学问要与社会实际相结合，不尚空谈和空论。这里无疑有许多积极的成分。但其中也包含着由于对什么是“有用”的不同看法，导致了不同眼界的学习目的论。一些先哲主张“学而成贤”“学而致道”“学而成美”，“大学之道，在明明德，在亲民，在止于至善”。也有人提倡“学也，禄在其中矣”，鼓吹“学而优

则仕”，这里显然表现出不同的学习目的论。据说，晚清时期学人也曾对这一问题展开过比较激烈的争论，这种争论主要聚焦于“为实用而知识”还是“为知识而知识”两者的关系上。最终经过争辩，形成了以章太炎的“求是”观点为代表的主流见解，并将“求用”与“求是”两者有机地统一起来。

（2）学什么的问题。这里也涉及一系列问题，以近代知识史沿革看，主要涉及什么知识最有价值、谁的知识最有价值以及怎样的知识最有价值等。

（3）如何学习的问题。这里就涉及更多具体的学习理论，当然也有学习方法论问题。如近年来比较热门的学习型组织理论，就可以看作是有关学习方法论方面的理论。这一理论并不具体探讨如何学习的问题，而是确定有关学习的基本要求，它是解决学习理念问题的理论。我们所谓狭义的学习理论，主要指这一块学习理论。

（二）学习理论的分类

从大体上来讲，西方的学习理论分为三大类，即联结派、认知派以及联结—认知派。下面，我们对其进行具体论述。

1. 联结派学习理论

这一派别的观点认为，学习是通过条件作用，在刺激与反应之间建立直接联结的过程；其中，强化在这种连接过程中起重要作用，即有机体在外部刺激的重复进行下形成动力定型，在反复练习和强化的作用下逐渐形成行为习惯，而习惯形成后，只要出现类似情境，就会出现习得的习惯性反应。联结派学习理论的主要观点有桑代克的尝试错误学习理论和斯金纳的操作性条件作用理论。尝试错误学习理论把学习定义为刺激与反应之间的联结，认为尝试错误学习一般会经历以下过程：外部问题刺激—有机体的随机反应或盲目尝试行为—大部分失败但有偶尔成功—淘汰失败的动作，将成功的动作整合为行为—再进行新的尝试，这是一个不断循环往复过程后习得的行为方式。而斯金纳的操作性条件作用理论则强调有机体的操作式条件反射，认为这种操作式条件反射又受到强化规律的制约。由此可见，这一派别的学习理论过于强调外部刺激，而忽视了有机体的自主作用，这也是它受到批评的主要原因。

2. 认知派学习理论

这一派别的学习理论认为，学习并非刺激—反应之间联结的结果，而是有机体在外部刺激下通过主动积极的组织作用，即进行意识到了的反应，从而形成与情境一致的新的完形，其中顿悟起着重要作用。认知派的主要理论有皮亚杰的建构主义学习理论、布鲁纳的认知结构学习理论以及奥苏贝尔的认知同化学习理论等。在环境与个体的关系上，认知学习理论认为，个体作用于环境。人的内部心理结构决定了环境中的各种刺激是否受到注意或加工。个体赋予经验一定的意义，主要是通过与环境的相互作用这一途径。由此可见，该理论要研究的是个体处理环境刺激时的内部心理过程。显然，这一派别过分重视主体的顿悟作用，忽视了外部刺激的影响，所以也受到了一定的批评。

3. 联结—认知派

在上述两种派别学习理论的基础上，形成了比较注意外部刺激与主体人之作用相统一的一些理论，对此人们将其称为联结—认知派，主要有加涅的信息加工学习理论和连锁学习等。这种理论一方面重视外部信息的刺激作用，另一方面又重视主体对外部信息刺激的自觉加工作用，是一种比较完善、科学的学习理论。

四、价值观形成过程的问题

在本节中，除了以上三点内容以外，还有一点内容需要我们在这里进行具体论述，即价值观形成过程的问题。

（一）价值观研究存在的问题

多年来，人们经常提到“价值观”一词，但到目前为止我们对其内涵还是了解不够，主要存在四个问题，具体如下。

（1）价值观仅仅属于认知领域，还是具有情感、意志的成分？如果包含着知、情、意成分的话，那么它与态度有什么关联？在社会心理学界已有人将价值观看作是态度构成要素之一（即认知、情感、价值观、行为意向），但在本学界还没有对此问题有专门研究及其相关的研究文献。如果价值观仅仅属于认知领域，那么它为什么又如此稳定？因此，我们需要清楚价值观的构成要素及其基本结构。

（2）价值观的内容主要有哪些？即我们平时所说的政治价值观、人生价值观、道德价值观、宗教价值观等内容究竟是怎样的关系？它们之间又是怎样一种结构？

（3）就人的一般价值观而言，它是怎么形成、变化和发展的？其实对这个问题，西方学者也缺乏研究，包括诸如海曼、研究伊斯顿等青少年政治社会化问题的知名学者。而有些学者如皮亚杰则主要研究了道德认知的形成阶段问题。从综合的角度对价值观进行研究，至今还是一片空白。在对价值观做发生学意义的起始研究中，应该将价值观的形成看作是一个整体，这个整体可从两方面——横向与纵向，或个体与群体进行审视。即可以将个体从他的少年时期到青年时期的价值观形成、变化和发展的过程作为一个连续不断的整体考察；我们也可以从个体与群体的年龄进展过程考察，区分处于不同年龄段个体的价值观变化状况，如个体的初中阶段、高中阶段和大学时期等不同阶段的价值观状况，并且将它们看作是一个相互联系的整体。具体地讲，个体价值观与群体价值观之间又存在着复杂的关系，它们相互作用、相互制约。研究个体价值观是基础，而研究群体价值观则是重点。而目前我们一时无法通过实证研究方法去解释人们价值观形成的一般过程，也无法准确描述这种价值观的政治价值观、道德价值观、人生价值观等成分是怎样交互作用以及何者优先发展的问题。

(4) 在人们的价值观形成和变化过程中，究竟受到哪些社会变量的制约，社会制约因素的权重关系又是怎样？这一研究需要建立一种固定调查和跟踪调查两者相结合的研究制度，即一方面选择一定年龄段的人群对其进行长期的固定调查，如确定对一定数量的 10 岁到 22 岁的研究对象进行观察调查；另一方面则对一定人数的研究对象进行长期的跟踪调查，以了解这些个体的价值观怎样随着年龄的不断增长呈现怎样的变化。其实，两种研究都是固定的，只是前者是对研究对象的年龄段固定，而后者是对研究对象的固定。对比这二者，即可得出影响人的价值观的诸多社会因素的权重关系以及明确考量相关社会变量，对人们价值观影响的深度和广度。

(二) 价值观的构成

1. 价值概述

在说明价值观之前，我们有必要对价值展开一番详述。价值是一个关涉一定的人、事、物对某个特定主体存在与发展所具备的意义、重要性和关联性大小的概念。

从大体上来讲，价值分为事的价值、物的价值、人的价值，事物的价值又可分为教育价值、审美价值等，而人的价值又可分为社会价值[1]、个

[1] 社会价值更多是将个人作为客体及其属性，来考量它对社会其他各种主体需求的满足关系和满足程度。

人价值[1]和自我价值[2]等。

通常情况下，价值隐含于事物活动的过程中。在活动过程中，人们会意识到价值，并用一定的概念或范畴来表达或表述这些价值，这就形成了一系列表征价值的概念或范畴。

2. 价值观的构成

从本质上来讲，价值观就是一个由若干价值所组成的价值等级序列的体系，一个大的价值观通常由若干个小的价值观所构成，一个复杂庞大的价值观又是由许多大的价值观所构成的更大的价值等级序列。价值观既表征着这些价值的相互关联和等级水平状况，同时也体现着人们对这些价值的认识程度和对价值之权重的一种排序状况。

（三）价值观形成过程具有复杂性、系统性等特征

人的价值观的形成是一个长期的过程，具有复杂性、系统性、反复性等特征，具体如下。

1. 价值观是在生理、心理发展基础上逐步明确、稳定的过程

价值观通常被认为只涉及个体对其他事物的判断、评价及其态度，而忽视了个体生理、心理发展对个体价值观形成的作用。个体价值观念的产生必须以个体的生理、心理发展为基础，并包含着心理过程，即它涉及个体的认知、情感、意志、态度等，在此基础上个体通过对价值观念的反复认知、筛选、认同从而形成稳定的价值观。

2. 价值观是内在前提与外在条件相互作用的过程

价值观是内在前提与外在条件相互作用的过程，这主要体现在以下两个方面。

（1）自我的发展是价值观发展的内在前提，这既是人们自我意识和自我认同增强的过程，也是在此基础上人的认知结构、评价取向、心性状态和价值模式逐步形成并定型的过程。

（2）社会的经济、政治、文化等因素是人们价值观形成的外在条件。这些外在条件本身是一个由多重因素组成的动态生态链，我们将这些因素

---

[1] 个人价值就是将社会及他人看作客体及其属性，来考量它们对某一特定个体需求的满足关系和满足程度。

[2] 自我价值就是考量自己的属性对自身需求的满足关系和满足程度。

列举如下。

①从横向结构看它包括社会经济因素、政治结构、社会心理、文化观念等。

②从纵向上看各个部分又有其历史的传承、变革及其变化过程中的相互影响。

③从外在因素对个体价值观的作用机制看，大学生的主观导向因素是动机、兴趣等；对价值观的硬性约束是外在的权力关系、制度等；对价值观的软性约束是社会心理、习俗、道德等，它们各自的作用方式有所不同。

3. 价值观是个体与群体相互作用的过程

个体价值观与群体价值观是在个体与群体的动态互动中逐步形成的。从个体价值观的形成角度看，随着个体年龄的增长，父母对子女价值观的影响作用将越来越小，儿童经历过对父母的依赖和服从，到对父母权威产生怀疑的过程。同时，一方面，个体价值观的形成也与群体心理有关。群体的观念、价值模式等，往往会被个体逐渐接受。另一方面，群体心理也是形成群体价值观的基础，其熏染作用会对群体价值心理产生影响。

（四）价值观形成的三大环节

经过长期的研究与分析，我们对价值观形成需经历的环节[1]做出了总结，主要归纳为以下三个方面。

1. 价值心理形成环节

价值心理是价值观形成的基础，主要包括三个方面，即价值认知[2]、价值体验[3]以及价值倾向[4]。

起初，人们对价值有着比较一般、感性、不全面和肤浅的认知与情感体验。这些价值心理又来源于人们在社会实践活动中对自己所经历的若干

❶　所谓价值观形成的环节，就是从系统的角度分析人的价值观形成过程中的主要阶段及其各要素的相互作用过程。

❷　所谓价值认知，是指对一定价值和价值关系的感知与认识，它是个体价值体验和价值倾向的基础。

❸　所谓价值体验，是指主体对感知对象（可指事物、知识等）的意义、作用的把握、确认与体悟，它往往会伴随着愉悦、兴奋、悲伤、愤怒等情感反应。

❹　所谓价值倾向，是指在个体的动机、需要基础上对一定价值关系、意义的认同、赞许与接受。

事物与自己的关系所做出的判断及评价。换言之，在丰富的社会生活内容或社会实践活动中，人们凭什么对其中的一部分事物感兴趣而对另外一些事物不感兴趣，其中哪些能够引起人们关注、吸引人们进一步追求的事物究竟具有什么基本特征？这一问题是研究人们的价值心理产生的核心。通常情况下，外部事物或知识，要获得人们的关注和接纳需要六个条件，具体如下。

（1）这些事物或知识所具有重要的社会意义，同时也应该具有不可忽视的个人意义。通常情况下，那些同时兼具重要的社会意义和明确无误的个人意义的东西，才能够引起人们的高度关注。仅仅具有单方面意义甚至出现相互间意义冲突的东西很难引人关注，或者说较难长时期引起人们的关注与接纳。

（2）让人们经历的事物或所接触的知识，与人们原先的信念和价值观相吻合或相一致，这对人们对这些新接触的事物和知识产生“同化”效应，能够产生助益作用。

（3）这些外部事物或知识信息，或者是填补人们在形成或开阔生活观点、世界观、眼界等方面的空白或者正巧缺少的环节，或者是满足了人们单纯的“好奇心”“好胜心”和“互惠心”等心理需求。

（4）这些外部事物或知识信息与人们原先的认知与价值观截然相反，并且由于其高度的事实及大量数据支撑而显得不容置疑，加上其内在逻辑的力量使然，从而引起人们内心的巨大震撼，促使人们不得不采取“顺应”的对策。

（5）一些事物或知识信息的大量又反复的经历，使得人们习以为常，从而形成约定俗成的情境。

（6）运用人们对一定权威的遵从心理，通过社会权威人士或明星人物倡导某些事物或知识信息，从而导致人们的价值从众心理。

2. 价值观念凝聚环节

这是价值观形成的第二大环节。在人们价值观的形成过程中，这一环节就是从零散的价值观念逐步形成明晰的价值观的过程，这一过程包括价值理解判断、价值选择、价值认同、价值接受、价值推理与价值整合。价值理解判断建立在价值认知的基础上，是对价值对象的分析与评判。价值选择是在主体原有认知判断的基础上对两种以上价值的筛选与确认。在此基础上会对一定的价值关系形成认同，但要使得外在的价值关系内化为主体的价值意识，还必须有个体的价值接受。由于个体从价值观念到价值观的形成过程是一个反复的过程，因而在这一过程中还会因价值冲突而需进行价值整合，从而进行价值观念的再接受与内化。与此同时，原有价值观会在个体价值观念凝聚过程中起着引导作用，对个体的价值偏好、价值选择机制、认同机制、内化机制产生影响。而在人们价值观念凝聚过程中，存在着众多价值观念相互冲突的现象，人们怎样在自我价值观念的纷争与冲突中整合梳理出自己独到的价值观，成为价值观研究中的难点。许多西方学者对此进行过大量研究，如费斯廷格的认知协调—不协调理论，但对它的研究依旧需要深入探索。在这种价值观念的整合中，人们也会采取“两利相权取其重，两害相权取其轻”的策略，但毕竟这些策略的运用必须在具体的时空条件中进行，如在对冲突的时间容忍上大约是怎样的阀域？又在怎样的空间因素下容易快速整合那些看起来较难处置的价值观念冲突？诸如此类的问题都需要我们进行深入探索。

3. 价值观外化环节

该环节在个体价值观动态形成过程中十分重要。个体价值观在产生态度、行为意向的过程中既是对自身作为价值主体的自我确认与运用，同时在外化过程中也能印证自己的价值观是否正确。个体价值观的外化包括明确态度、进行价值评价、确立行为意向和实施具体行为。这些活动会对原有价值观产生影响。

第三节　大学生思想政治教育过程的规律

大学生思想政治教育过程的规律，就是教育过程中诸因素、诸成分之间的本质的、必然的联系。在大学生思想政治教育过程中，社会要求的思想政治品德规范、教师和学生三者存在着三方面的本质的联系，具体如下。

（1）社会要求与开展教育活动的具体主体所进行思想政治教育的典型结果之间的联系。

（2）通过教育中介（教育目的、任务、途径、方式方法等）而联结在一起的教师与学生之间的联系。

（3）学生的新的心理发展需要与其原有的心理水平之间的联系。

阐述大学生思想政治教育过程的规律，将主要围绕这三种基本关系展开，而其中任何一种关系内部又包含着诸多丰富的关系。

一、教育影响协调与连贯的规律

（一）教育受制于社会需要，根据社会形势确定教育内容

在社会主义市场经济条件下，大学生思想政治教育表现出了两种依赖性，我们将其列举如下。

（1）对社会主义生产方式的依赖性。

（2）对政治制度、意识形态和社会结构的依赖性。

思想政治教育必须为社会主义物质文明与精神文明建设服务，必须受制于社会主义国家发展的总方向和总目标。如果教育违背了它，那么就会从根本上否定这种实践活动的必要性与可行性。

大学生思想政治教育应根据社会需要与发展趋势来规定教育任务、教育要求和实施教育活动。只有做到这一点，才能防止空洞说教，避免“急功近利”的教育倾向。

（二）教育须坚持社会影响、学校教育与家庭教育三者影响的一致性和协调性

导致大学生思想政治教育低效的一个重要原因在于，这三者相互矛盾或不协调。为此，必须对遵守这一规律的重要性和必要性达成共识，以使教育形成协调一致的合力。

大学生思想政治教育与文化知识教育相统一。后者是前者的基础与前提，前者是后者的发展。思想政治教育必须坚持科学性、思想性、政治性、知识性的统一[1]。

大学生思想政治教育包含诸多内容，如理论教育[2]、政治教育[3]、思

---

[1] 脱离一定的科学文化知识教育，思想政治教育就会丧失吸引力和说服力，自然会缺乏生命力；而脱离思想性和政治性，思想政治教育就会丧失自己的功能价值，也就无所谓什么思想政治教育了。思想政治教育要特别注意将科学文化知识转化为人们的信念、价值观与世界观。要防止抽象性、思想性、政治性的教育倾向，更要防止只讲知识性、趣味性的教育倾向。

[2] 理论教育主要针对人们深层思考的一些理论问题，旨在培养人们形成系统的正确的世界观和方法论。

[3] 政治教育旨在形成人们正确的政治意识，正确认识与掌握党和国家的方针政策，并在实际工作中贯彻执行。

想教育[1]、道德教育[2]和心理健康教育[3]等。思想政治教育的这些内容是一个整体，不可割裂开来。可以说，理论教育和政治教育是思想政治教育的“核心”，如果忽视它们，那么整个教育就会陷入“头痛医头、脚痛医脚”的境地，从而缺乏动力与后劲；道德教育是思想政治教育的基础，如果没有夯实这一基础，那么共产主义理想就无法确立；而思想教育则是“抓手”，如果忽视这方面的内容，就会使教育活动失去目标，脱离实际生活。

（三）教育须前后连贯与一致

我们都清楚，社会发展具有阶段性特性。这一特征决定了思想政治教育在不同阶段会有不同的重点。但不可忽视教育影响的连贯性和一致性。在突出重点的同时，必须坚持系统性和规范性教育。如果理论宣传与教育影响产生了混乱，那么将导致人们对思想政治教育产生抵触心理。

二、教师的主导作用与学生的自觉积极性相结合的规律

大学生思想政治教育过程是教师与学生相互作用的过程。这种相互作用关系意味着在教育过程中既要充分发挥教师的主导作用，又要注意调动学生的自觉积极性。

教师与学生的相互作用，可以用主客体的关系来说明。在教育实践中，人们对教师与学生的相互关系做过各种各样的阐述，诸如“教师是主体[4]，学生是客体[5]”“教师是主导，学生是主体”以及“学生是主体，又是客体”等。应该看到，教师与学生的关系是一种主客体的转换关系。近年来大量研究涉及主体间性的问题，就是试图对两者关系做重新解释。我们在此无意对主体间性理论展开深入阐述，只是按照传统的思路说明教师与学生的关系，具体如下。

（1）就特定的教育情境而言，两者的主客体关系是确定的，如对开展思想政治教育活动而言，教师是主体，学生是客体。

---

[1] 思想教育主要针对人们日常生活中产生的大量即时性的、带有普遍性的认识问题与意识问题，旨在引导人们正确处理现实生活中发生的国家、集体与个人之间的矛盾。

[2] 道德教育旨在培养人们形成良好的道德品质。

[3] 心理健康教育旨在促进人们的心理健康，提高人们的心理素质。

[4] 所谓主体，是指赋有意志和意识的人。

[5] 所谓客体，是指客观世界，指主体认识的对象和活动的对象。

（2）两者的主客体关系[1]又不是严格确定的，就接受思想政治教育而言，学生是接受主体，教师是客体。

教师的主体性是指教师在教育过程中处于施教地位，根据社会的要求与学生身心发展规律，组织一定的活动对学生施行教育影响。实际上，教师的认识和活动对象主要有以下三个。

（1）学生，教师不仅要认识学生身心发展的一般规律，更要认识和把握这种规律在每一个人身上的独特表现，即把握学生的思想觉悟程度、道德修养水平、个性特征等。

（2）教育内容（社会要求），教师对教育内容的把握也有一个过程，在理解与掌握社会要求的过程中，教师总是要先受教育。

（3）教育方式方法，即教师的教育艺术与技能不是先天的，而是后天逐步习得的。

在大学生思想政治教育过程中，教师起主导作用，主要是指教师是教育活动的组织者、设计者、发动者与领导者。通过灌输理论知识、言传身教等方式影响学生。当然，由于思想政治教育具有一般知识教育所不同的特点，教师的主导作用并不像知识教育那么突出。在知识教育中，不少知识依然遵循着教师传授的方式影响着学生，但在现代的大学生思想政治教育中，由于社会发展的缘故，个人的社会化不再是一个仅通过学校与家庭灌输社会公理的简单过程，学生在日常生活中随时可接受各种信息。它们并不是以教师面貌出现的，而是非人格化的。由此可见，教师的教育要求如果与社会环境相协调，就会产生比较显著的主导作用；反之，则其主导作用就会被大大削减。

就接受思想政治教育来说，学生是主体。其认识和活动对象也同样有三个，具体如下。

（1）对教师的认识，教师的人格、经验、才能、思想品德修养水平等因素，都将是影响学生的重要因素。

（2）教育内容（社会要求）。

（3）教育方式方法，在一定条件下，学生也会在一定程度上作用于以上认识和活动对象，使它们有所变化。

学生的主体性主要是指对教育影响具有主观选择性和决定接受状况。

---

[1] 所谓主客体的关系，是指认识与被认识的关系、改造与被改造的关系。思想政治教育学中借用哲学的主客体概念，主要用以说明在教育活动中开展认识与活动的主动者与对象。在思想政治教育活动中，教师与学生相互把对方作为自己认识和活动的对象，因此，他们双方既是主体，又都是客体。

实际上，大学生思想政治教育主要包括以下两个流程。

（1）教师的教育活动流程，包括选择教育目标、制订教育计划、开展教育活动、检查教育效果等。

（2）学生接受教育的流程，包括参加教育活动、感知和认同教育信息、引起内心冲突、解决内心矛盾、实现知行转化等。

从学生思想发展的制约因素来看，存在着内因与外因的不同作用。而学生与教师的关系，恰好反映了这一对关系。教师正因为能够对学生起到主导作用，才能使学生的思想品德朝着正确的方向发展；学生正因为有自觉积极性，才能督促自己，使自己的思想品德得到更好的发展。所以，即使教师与教育情景相同，学生们也会有不同的情况，这主要取决于学生的内因。

大学生思想政治教育过程中教师与学生的相互作用，决定了教师必须坚持严格要求与尊重学生相结合的原则，主要体现在以下两个方面。

（1）对学生要严格要求。这种严格要求应体现在教育要求、教育实施过程管理、学生的发展等方面。严格要求的前提是合理性，即教育要求管理要求必须符合人的思想品德发展的一般规律，严格与合理必须统一，严格不等于简单生硬，更不等于粗暴无理。

（2）要尊重学生，尊重应体现在尊重人格、民主权利、自主意识等方面，但绝不可以放任自流。

三、教育与学生身心发展的交互作用规律

实际上，教育既为学生的身心发展所制约，同时又促进学生身心发展。这一规律要求教师遵循以下两点。

（一）遵循学生身心发展的规律

学生身心发展的规律❶，是教师必须遵循的。根据马克思主义关于认识事物必须坚持一般、特殊与个别相结合的方法论原则，即“事实上，一切真实的、穷尽的认识都只在于：我们在思想中把个别的东西从个别性提高到特殊性，然后再从特殊性提高到普遍性；我们从有限性中找到无限，从暂时中找到永久，并且使之确定起来”❷。显然，这一方法论同样适用于

❶　学生身心发展的规律主要表现在学生的心理发展规律、思想品德发展规律、智能发展规律以及行为活动规律等方面。

❷　中共中央马克思、恩格斯、列宁、斯大林著作编译局．马克思恩格斯选集：第 4 卷［M］．北京：人民出版社，1995．

该规律，即要认识学生身心发展的一般规律、特殊规律以及个别规律。

坚持一般、特殊与个别相结合的方法论，必须正确处理统一要求与因材施教的关系。要坚持培养人才的社会主义方向，要考虑到学生的个别差异性，要注意研究每个学生的“最近发展区”，采用最科学的方式方法，从而达成统一的教育目的。统一要求并不等于抹杀个性，而因材施教也不意味着可以降低教育要求，相反，它是实现统一要求的主要方法。

（二）遵循学生身心发展规律与严格要求相统一

在社会环境的影响下，通过教育有控性的作用，人的思想品德可以循着不同方向呈不同程度的发展变化。主张因材施教，意味着它必须在人的思想品德发展的可塑范围内求取“最大负荷”，以克服人的惰性以及其他消极影响。

根据学生身心发展规律，反复渐进性原则也需要教师贯彻落实。由于人的思想问题产生的反复性以及人的遗忘规律的作用，决定了思想政治教育必须突出反复性。然而，教育的反复性与讲究艺术性是统一的。确切地讲，反复教育就是运用丰富多彩的教育手段和各种沟通工具，从各个层面和各个侧面来阐述某个基本原理，从而使学生在感受生动性、鲜明性和独特新颖性中具体地、而不是抽象地理解和掌握某一基本原理。反复性与渐进性又是统一的，反复不是“原地踏步”，而是渐进，即在教育内容上逐步丰富、在蕴涵道理上逐步深刻，从而逐步发展学生的思想品德。

第五章　大学生思想政治教育的内容

明确大学生思想教育的内容，是实现大学生思想政治教育工作能够得以很好完成的一个基础。

本章主要对大学生的“三观”教育、大学生的民族精神教育和大学生的公民道德和素质教育分别进行说明，具体内容如下。

第一节　大学生的“三观”教育

一、以理想信念教育为核心，坚持开展“三观”教育

现在的大学生是祖国的明天，是新时代下的社会主义现代化构筑者。让他们拥有科学的理想与信念，是现在思想政治教育不可缺少的一个部分。“三观”一般指世界观、价值观、人生观。

大学生时期正是自己“三观”养成的非常重要的一个阶段，引导着他们去把崇高的理想信念给树立起来，可以说对他们人生道路的影响非常大。

我们一定得注意，在各项改革深入推进的相关阶段，思想政治方面的矛盾与斗争并不那么简单，而且还会进一步更深入直接地体现到高校里，并对大学生的思想观念等产生影响；部分不好的错误的政治观点等，不可避免会经由不同途径对大学生的思想造成影响，如市场经济环境下对“金钱至上”意识的强化，市场经济环境下对“个人主义”思想意识的强化等；另外，随着我国对外开放的进一步扩大、西方“西化”阴谋的情况的不断严峻，非常容易导致一些大学生价值目标方面出现不好的偏移。

面对这些状况，高校思想政治教育工作者一定得要树立高度的政治责任感与使命感，尽力做好本职工作，这对大学生开展理想信念教育往往会起到很深的影响。

二、坚持用科学理论武装大学生的思想

恩格斯说过："一个民族想要站在科学的最高峰，就一刻也不能没有理论思维。"[1] 列宁也说过："没有革命的理论，就不会有革命的运动。"[2] 中国革命与构筑在世界上的地位都非常重要的缘由是因为，其是马克思主义基本原理和中国的具体实际相结合的产物。

下面我们对新形势下用马克思主义教育大学生的必要性进行说明。

新的时代下，思想政治教育的本质目标为马克思主义的缘故主要是由于：马克思主义是指导大学生增进思想政治水平的一支标杆。大学生的社会主义意识一定得要在大学生思想政治教育的先决条件上去好好地造就。

马克思主义的教育可以让大学生产生社会主义意识，是由于其正确地反映了人类社会发展的客观规律，是无产阶级科学的世界观，同时也是人类智慧的结晶。

三、深入开展党的基本路线教育

（一）党的基本路线提出了对我国社会主义初级阶段的奋斗目标

党的基本路线规定我国社会主义初级阶段的奋斗目标为：把我国建设成为富强、民主、文明的社会主义现代化国家。

上面所说的奋斗目标我们或许都是耳熟能详的，其非常清楚地对我国社会发展的发展目标进行了界定，一定要得让学生知晓该目标是什么，才可以有更大的可能保证前进方向的正确性，并鼓舞其一直不断地朝着目标前进。

---

[1] 中共中央马克思、恩格斯、列宁、斯大林著作编译局. 马克思恩格斯选集：第3卷. 第2版. 北京：人民出版社，1972. 467.

[2] 中共中央马克思、恩格斯、列宁、斯大林著作编译局. 列宁选集：第1卷. 第2版. 北京：人民出版社，1972. 241.

（二）党的基本路线规定了我国社会主义初级阶段的领导力量与依靠力量

对领导力量与依靠力量的准确了解，搞懂领导者是哪一位一直都是革命的首要问题，也是建设的首要问题，不处理好它，革命与建设都成功不了。党的基本路线向我们表明，中国共产党是社会主义事业的领导者，而广大人民群众是社会主义建设事业的依靠者。并通过对学生进行教育，让学生了解到中国共产党在社会主义革命与建设事业里的领导地位，了解到其是历史的必要选择等。

四、坚持进行基本国情教育

（一）我国的国情决定了走社会主义道路为我们的不二选择

多年来，中国共产党领导全国人民坚持走社会主义道路，让我们的祖国出现了空前改变，工业、文化教育、人民生活水平等全部高速向前进步，祖国以全新面貌站在世界东方。同时，很多人实现了小康，中国人在国际上有了地位，中国在国际事务中是重要的大国等。

我们可以尽情为我们国家的社会主义的向前进步而自信不已，却不应该在没有足够的科学理论，缺乏对比的状况之下，那么轻易地就把社会主义道路给否定掉。

（二）我国的国情要求我们要艰苦奋斗

在我们现在的经济与文化基础方面相对而言还不是很强的情况之下，如何才能让我国尽快实现现代化？我们的国情要求我们：艰苦奋斗是当下最需要做的。只有这样，才能保证一个十多亿人口的发展大中国实现其全部宏伟的奋斗目标。

（1）一定要让我们党常推崇的艰苦奋斗精神得以发扬。

（2）让青年学生具备以艰苦奋斗为荣、骄奢淫逸为耻的思想。

（3）自觉地抵制资产阶级不良思想。

（4）让头脑保持清醒，做社会主义精神文明的积极创建者。

同时，还要让青年学生清楚，我们所提倡的艰苦奋斗，一方面是指生活上的勤俭，另一方面也是对工作方面勤奋的要求。相对而言，工作上的艰苦奋斗更有决定性作用。假若不是靠我们每个人不可动摇的信念，艰苦奋斗搞社会主义建设，而想着要去坐享其成，那就不但不能构筑起社会主义的幸福家园，还会造成社会主义基业的垮塌。

总体来看，我们注意到，国情既是我们党制定路线、方针、政策的出发点与前提，也是对青年学生开展思想教育的一种材料。进行国情教育，对青年学生准确无误地了解形势，了解社会，了解自身有很大帮助，有利于他们拥有正确的世界观和为自己与社会奋斗的责任感。

第二节　大学生的民族精神教育

青年是祖国与民族冉冉升起的一颗颗新星，现在大学生是现在青年里面的优秀群体，他们的精神面貌直接代表整个青年一代。

所以，在对现在大学生进行思想政治教育时，提高民族文化精神的培养与教育力度，带领他们实践民族精神，这既是社会主义精神文明建设的基本的要求，更是现在大学生进行全面建设小康社会与实现中华民族伟大复兴的核心要点之处。

一、以爱国主义教育为重点，深入开展民族精神教育

爱国主义是民族精神的核心，其往往也被认为是中华民族精神的一支主线。

对大学生展开深入的民族精神教育，其任务也主要是要求大学生树立爱国主义方面的情操（如对国家热爱、立志报国等）。

（一）全面把握民族精神的科学内涵

1. 民族精神的含义

一般而言，民族精神主要表示：一个民族在很长时间的共同生活与社会实践基础上形成的，基本被该民族所有成员认同、接受的积极的思想道德规范、价值取向的总结。

2. 民族精神的特点

（1）民族精神具有引导性。
（2）民族精神相对来说比较稳定。
（3）民族精神含有传承性。

（4）民族精神是民族文化观念的体现。

（5）民族精神是民族思想情感的反映。

3. 爱国主义与民族精神

在中华民族发展的过程中，爱国主义始终是鼓舞我国人民积极向上的动力，也是促进社会发展的精神支柱。

对大学生民族精神的教育有以下几点要求。

第一，要对大学生热爱社会主义祖国的情感进行深入培养，并要在爱国主义这一核心的基础上进行。

第二，对大学生进行爱国主义教育的目的为：使其拥有为实现中华民族伟大复兴、全面建设小康社会的爱国热情，并进一步化身为建设中国特色社会主义的可造栋梁。

第三，对大学生进行教育，要让其知晓：民族精神要从团结统一、爱好和平、勤劳勇敢、自强不息四个方面去了解其丰富的内涵。

民族的平等团结与国家的统一是中华民族的立身之本，是形成民族凝聚力的基础，是防止外国侵略的勇气来源，是建设美好家园的一种不竭的力量，是使社会稳定、国家主权等得以维持的精神动力。

让大学生的民族自豪感与民族责任感得以激发，带领他们走进中华民族复兴的伟大事业里面，是对大学生进行团结统一精神的相关方面的教育的主要内容。

爱好和平不仅仅是过去邓小平同志所认为的和平与发展为世界的两大主题，其也为中华民族的一直就有的天性。中国人民提倡国家彼此要和平共处，给民族精神注入了新的内涵。

勤劳勇敢不仅是中华民族在长时间的历史发展里面形成的一种勇于奋斗的精神，还包含吃苦耐劳、不怕危险等。勤劳勇敢是维系中华民族生存与发展的非常重要的精神动力。我国还处在社会主义初级阶段，鼓励勤劳勇敢的民族精神含有十分重要的现实意义。

自强不息是中华民族一直都有的精神追求与优秀品质。自强不息是建设优秀的社会主义文化，弘扬与培育中华民族自强不息的民族精神，是全面建设小康社会的必然要求。是增进大学生精神境界的内在动力，对促进大学生全面发展非常有好处。它也是鼓舞中国人民创新、奋斗的内在力量。

（二）对大学生开展民族精神教育具有重要意义

1. 深化以爱国主义教育为重点的民族精神教育，对大学生确立正确的人生价值观很有帮助

站在全球角度而言，随着全球化进程的一步步加快，肯定会不可避免地让东西方思想文化之间产生冲突，新思潮的不断进入，让人们的思想观念等表现得更加多元化。而现在青年看到纷繁的文化现象，因为没有足够的鉴别力，加上对不同性质的文化不了解，造成部分青年盲目崇拜西方文化而贬低民族文化，对开展民族精神教育非常不利。

站在我们国家的角度而言，在社会主义初级阶段，经济体制与政治体制改革不断深入，经济成分、利益，社会生活与社会组织形式等越来越多样化，也很容易带给人们思想观念与意识形态的多样化，市场经济条件下常常会出现拜金主义、享乐主义与利己主义等，如不少青年学生里面有享乐主义的价值观、实用主义的人生哲学和追求低级趣味生活手法等文化情调。

如今，青年思想观念的日新月异的改变给了我们压力和动力，我们也不能落后。

在这样的情况下，我们在进行民族精神弘扬与培育、爱国主义教育深化时，可以从以下几个方面入手。

（1）用优秀理论、思想去教会他们如何去解决问题、怎样去消除矛盾。

（2）带领他们确立有中国特色社会主义的主流意识形态。

（3）帮助其进行民族自尊、自信、自强精神的塑造，让他们以后可以更好地发展。

（4）教育青年要提升自信。

（5）教育其要非常清楚地知晓本人的历史使命。

（6）用中华民族辉煌的革命历史与传统来进行教育。

2. 深化以爱国主义教育为重点的民族精神教育，对激发大学生发奋学习的精神动力非常有帮助

古往今来，多少中华儿女英勇奋斗，就是想要实现民族整体与长远利益，也为现在的青年树立了良好的典范。数不清的普通劳动者与巧匠依靠自身的智慧与勤劳让中国经济社会发展很长时间内领先于世界各国，并以“四大发明”铸就中华辉煌。全部这些，都将成为现代青年发奋学习、立

志成才的不竭的精神动力。

二、深入开展中华民族优良传统教育

毛泽东同志过去曾表示中华民族的优良传统：“从孔夫子到孙中山，我们应当给以总结，承继这一份珍贵的遗产。”提高对大学生的中华民族优良传统教育的力度，对提升他们的民族精神作用显著。

（一）自强不息教育

“自强不息”，主要是从“天人合一”的宇宙观与朴素人文思想里面酝酿出来的人民的心理素质与精神状态。

一方面，中国古籍《周易》里面就提到过“天行健，君子以自强不息”，体现了中华民族愈是困难，愈加勇往奋斗的民族传统。它也是中华儿女自立于世界民族之林，奋发图强，完成民族伟大复兴的中国梦的精神动力。

另一方面，人类的向前进步是不会终结的，而人对自然、社会的发展与认识，和这之中形成的自信自强的民族精神，往往是民族精神适应现代社会发展需要的很好的反映。依靠该精神，我们的祖先亲手培育古代文明；依靠该精神，我们开创了社会主义的新时代；依靠该精神，我们差不多已经解决十几亿人口的温饱；依靠该精神，我们可“上九天揽月，下五洋捉鳖”……对大学生展开自强不息教育，也是希望可以让大学生变得更加优秀，培养其不怕困难、主动拼搏的优秀品质。

（二）艰苦奋斗教育

艰苦创业是中华民族的优良传统，是民族精神的不可或缺的构成要素。中华民族是勤劳勇敢、有创造精神的民族。

“精卫填海”“愚公移山”，都形象地反映了中华民族艰苦奋斗的精神。正是在该精神的基础上，我们的祖先在漫长的历史长河里，才可以一直克服困难，并创造古代文明，让中国成为世界的文明大国。

中国共产党成立后，传承其衣钵，在革命战争年代形成的井冈山精神、长征精神等与“抗洪”精神、“抗击非典”精神、“两弹一星”精神等，都是这种精神的确切体现。

在对大学生开展艰苦奋斗教育，可以从以下几个方面入手。在开展的时候，弘扬艰苦奋斗；在开展的时候，同时要有艰苦创业的思想准备；在开展的时候，得对大学生勤劳勇敢的民族精神进行发扬；在开展的时候，得尽量对大学生健康的消费观念进行教育；在开展的时候，把勤俭节约的精神落实到生活里。

（三）忧患自省教育

通常情况下我们认为：忧患自省意识是中华民族在很长时间里酝酿而出的很好的传统。

在几千年时间里面，它鼓舞着我们的民族积极进步，克服了不少人类与自然、社会环境方面的冲突。

这种忧患自省意识也是一种责任意识（是个体履行应当承担的社会责任），它的基本特征往往被认为是：同生死、共患难。

一般而言，责任意识是个体在社会分化与社会整合里一定得拥有的一种意识，需要我们尽最大努力维护社会正常运行的信念与意志。要求人们在市场经济发展的进程里敢于承担自己的责任。

对大学生开展忧患自省的教育，要求他们做到以下几点。

主动进取；以天下为己任；坚决地支持国内安定；坚决地支持国内的团结；以自身的行动去促进社会发展；以自己的努力去实现民族振兴；将自己国家、民族的生存发展放在心上。

提高对大学生开展中华民族优良传统精神的教育的力度，有以下几点意义。

（1）使他们的人格完善。

（2）在一定层次、一定方面让他们的意志得以锻炼。

（3）增进他们精神方面的境界。

以此为基础促动他们为我们国家的社会主义现代化建设做出更多的贡献。

三、深入进行中国革命传统教育

对大学生深入进行中国革命传统教育，可以被认为是开展民族精神教育的一个不可或缺的点，从根本上说，其为一种思想政治教育。

（一）开展中国革命传统教育的主要内容

中国革命传统有着特别丰富的内容，基本上可以被表示为中国革命斗争的实践物，是我们国家革命先辈带着人民展开革命斗争过程中产生的，并在党一直的弘扬下形成的，主要有思想方面、习惯方面的内容。同时我们需要知道，它为共产党领导。

（1）中国革命历史与革命者先进事迹。我们国家革命的历程、革命者的先进，即便是不可以直接和革命传统画等号，也可以被认为是革命传统教育开展的先决条件。

（2）中国革命斗争中产生与形成的思想、道德与作风，主要为思想意识方面的，是革命传统教育的一个关键内容。如宽以待人、严于律己的道德风范和实事求是、艰苦奋斗的光荣传统等。

（3）在中国革命斗争中形成与确立的纪律与制度，其也是革命传统教育的不可或缺的要素。如很长时间一直发挥作用的民主集中制、人民军队的“三大纪律八项注意”等。

综上，在对大学生展开具体教育时，要参照各种形式，以各样式的载体为基础，培育与提升他们的革命精神，具体有以下几点。

①崇尚真理、坚持不懈的拼搏精神。

②没有私心、先人后己的奉献精神。

③不可动摇的革命信念、努力拼搏求胜的大无畏精神。

④真心诚意为人民服务的公仆精神。

⑤牢牢把握群众、靠近群众的团结精神。

⑥有勇气进行自我批评、敢于批评自己的自律精神。

⑦一切从实际出发，具体问题具体分析的求实精神。

经由这些革命传统的教育，让大学生的思想境界得到提升与净化，让他们成为一个高尚的人，一个有道德的人，一个有益于人民的人，并在奋斗、奉献的进程里让自己的人生价值得到升华与实现。

（二）新形势下对大学生开展革命传统教育的创新与发展

如今，时代在一直发展，大学生的思想也在一直产生深刻变化，同时，大学生群体又为思想相对来说较为活跃的一个部分。对大学生进行革命传统教育，一定得在内容与形式上进行创新与发展。只有让教育的内容与形式适应大学生的实际，才能让其新的吸引力。

1. 在内容上要创新

要反映出时代特征，实现时代所希望的，让革命传统教育升华为推动社会主义现代化建设的精神方面的动力。

例如，大公无私、先人后己的自我牺牲精神是革命的优良传统，在有战争的时候这种自我牺牲精神基本上反映在战场上的冲锋和垫后。不过现在，这种自我牺牲精神往往会对大学生在学习、生活与工作里要求更多，即吃苦在前，享受在后，不计个人得失等。所以，进行革命传统教育，要在大学生熟知革命传统的条件下，依照形势的进化一直赋予新意。这样才能让教育含有现实意义，发挥能动作用。

2. 在形式上要创新

要做到生动活泼，形式多样，让教育能为大学生接受与内化。在形式上，既要求我们得知道曾经起到过作用的形式与方法，更要依照现在的具体条件与大学生的特征，在不断实践里拓展新路。

在实际进行教育时，采用何种形式，得考虑以下几点。

（1）要对教育内容的传授有帮助。教育内容最好可以成为我们实行何种形式的不可或缺的一种根据。

（2）要易于大学生的接受。要懂得如何运用与创造适合不同性格特征与不同学科门类大学生的教育形式。

（3）要对教育目的的实现有益处。教育形式的选择，最好对大学生思维自身活动有益处，要不断地将外在的教育要求内化为自觉意识，提升教育效果，以此为基达到自身的教育目的。

四、深入开展各民族平等团结教育

我国有56个民族，民族和民族彼此携手发展，一起构成中华民族。由于在少数民族人口比较多的地方我国很长时间以来一直奉行的是民族区域自治制度，民族平等、民族团结、各民族共同繁荣为我国处理民族关系的基本原则的情况下，对我国大学生进行教育，主要有以下几个方面的内容。

（一）民主平等与民族团结教育

在对大学生开展民主平等与民族团结教育时，得使他们知晓56个民族全是优秀的、勤劳的，民族与民族彼此没有好坏的区别，不同民族在政治、经济与文化等方面都是平等的，都是国家的主人；得使他们知晓只有提高民族团结力度，才可以让民族隔阂与民族歧视彻底消除，真正实现民族平等。

同时，民族团结也是让国家统一得以实现的一个先决条件，得使他们知道民族平等与民族团结是社会安定、国家昌盛与各民族共同繁荣的先决条件。

（二）民族区域自治制度教育

对大学生进行民族区域自治制度教育，目的是希望他们了解民族基本制度。

民族区域自治制度，即在国家统一领导下，少数民族在聚居的区域内设立自治机关，自主地管理本民族本地区内部事务，行使自治权，并以此为基础反映其主人翁地位，发展平等、团结、互助的社会主义民族关系。

同时我们需要知道：民族区域自治制度为实现民族平等、民族团结与各民族共同繁荣提供法律保障。

（三）各民族共同繁荣的教育

对大学生开展各民族共同繁荣的教育希望达成的要点如下。

（1）要让他们知道民族地区的现代化和全国其他地区的现代化是相互链接的。

（2）要让他们知道民族地区全面小康的实现与全国其他地区全面小康的实现是密不可分的。

（3）要让他们知道民族地区和全国其他地区彼此之间的推动力是很大的。

（4）要让他们知道各民族的繁荣，可以带领着我们很快发展，并让我们国家社会主义现代化目标可以尽快地达成。

（5）要让他们知道各民族共同繁荣不单单指某一方面，指的是各民族在政治、经济等各方面可以全面向前。

（6）要让他们知道经济发达民族与地区对少数民族与民族地区发展经济文化事业有义务帮助，一起走向进步。

第三节　大学生的公民道德和素质教育

本节对大学生的公民道德和素质教育分别进行介绍，一方面为深入开展大学生的公民道德教育，主要包括：深入开展《公民道德建设实施纲要》教育；坚持开展为人民服务的教育等。另一方面为坚持开展素质教育，主要内容为：以大学生全面发展为任务深入展开素质教育；深入开展民主法制教育等。

一、深入开展大学生的公民道德教育

公民道德教育是我国社会主义道德建设不可或缺的一部分。现在，在大学中进行公民道德教育得从我国历史与现实的国情开始，坚持以为人民服务为核心，以集体主义为原则，以爱祖国、爱人民、爱劳动、爱科学、爱社会主义为基本要求，以社会公德、职业道德、家庭美德为着眼点。

（一）深入开展《公民道德建设实施纲要》教育

高等院校有培育社会主义事业的建设者与接班人的任务，在科学文化与思想道德上包含特殊的意义与效果，是公民道德建设不可或缺的一支推动力量。如今大学生的精神风貌、道德状况是其公民道德建设的主题。基于此，高校应将学习落实《公民道德建设实施纲要》（以下简称《纲要》）、深化《纲要》教育作为一项漫长而又艰巨的任务来把握。在深入进行《纲要》教育时，让广大师生深入认识《纲要》的科学内涵与公民道德建设不可或缺的作用是首要的问题。

1. 加强《纲要》教育对建设社会主义道德体系有好处

《纲要》吸收中华民族传统道德的精华，是对党领导人民在漫长革命斗争和具体建设里形成的优良传统道德。

同时，《纲要》是“三个代表”思想的重要载体与形象反映，是“先进文化前进方向的代表”，这对于建设新的时代中的社会主义中国的道德体系有不可或缺的意义。

如今中国在几十年的发展之后，尤其是在拥有了改革开放伟大成就、完成历史性两个伟大转变的基础上，还得要构筑适应新的历史条件与环境的道德体系。

《纲要》的出现，对于提升民族凝聚力、推动经济与社会发展，一定会产生积极的推动效果。

2. 加强《纲要》教育对提高全民族的道德文明素质有帮助

我国是一个历史悠久的文明古国，是世界上非常有代表性的礼仪之邦。中华民族的先人，曾以自己孕育的物质文明影响与推动着人类的发展，也曾以自己高尚的道德品质影响与推动着人类精神世界的向前进步。

跨进21世纪的中国，正以崭新的面貌面对世界的挑战。不过在经济高速发展的时候，我国公民道德建设方面也出现了一些问题。部分地方与领域存在道德失范现象，衡量是非、善恶的标准变得不那么清晰，拜金主义与极端个人主义的思潮有所蔓延，见利忘义的行为也时有出现……全部这些，和我国公民道德建设发展的主流诠释是冲突的，得立刻进行批判与纠正。

《纲要》把公民道德基本规范统一为“爱国守法、明礼诚信、团结友善、勤俭自强、敬业奉献”，这是任意一个公民全部得做到的。

另外，《纲要》还非常清楚地表明了社会公德、职业道德、家庭美德的实际规范，包括了社会生活的不同方面，是任意一位中国公民都得遵守的行为规范。表明这样的基本规范与行为准则与人民的联系更加密切。

3．加强《纲要》教育对社会稳定与经济发展有益处

我们得看到，刑罚的威慑效果与道德的限制效果不可以彼此替代。这是几千年治国安邦史所证明了的。要使社会的长治久安一直可以进行下去，就得更加有效地利用好社会秩序，利用好其规范人们行为方面的效果，实现德法并举。

我们还绝对要很清晰地知晓，只有社会稳定，人民才能安居乐业，经济才能健康发展。繁荣的经济与高度的道德文明是相辅相成的，但经济发展到今天，却常有仓廪已实而不知礼节者，思想道德建设的问题一天比一天凸显。

体现在社会经济生活的不同方面，各式各样的状况令人痛心，诸如制假售假、走私贩私等，全部都与公民应遵守的道德规范相背离，也是约束经济发展的因素。

（二）坚持开展为人民服务的教育

《公民道德建设实施纲要》非常清楚地表示：“为人民服务作为公民道德建设的核心，是社会主义道德区别和优越于其他社会形态道德的显著标志。”身处社会主义市场经济的新浪潮里，教育大学生把为人民服务的价值观牢牢记在心里是不可或缺的。

1．为人民服务凝结着马克思主义的世界观、历史观与价值观

世界观的重要性反映为为谁服务。所以，对大学生展开为人民服务的教育，就是要让学生明白自己以后的努力方向，可以自觉地认识自己将来的服务对象，并为之奉献自己。

2. 为人民服务是社会的基本伦理准则

把为人民服务作为社会的伦理原则，它的含义是全社会成员的“自我服务”。也就是我们常说的：“我为人人，人人为我”，其是在社会主义社会才会包含的一种道德。

一方面，这种道德反映了目的与方式的协调统一。在社会主义社会里，人既可以被认为是目的的，又可以被认为是方式的。

另一方面，它反映了权利与义务的统一。“我为人人”，我为义务的客体，人人则成为权利的客体。反过来，“人人为我”，我为权利的主体，人人则成为义务的客体。在我们的社会主义社会里，各行各业、各项工作全部都是为人民服务的，人人全部为服务对象，人人又全部为他人服务。这就决定了为人民服务可以成为我们社会普遍接受的价值取向。

（三）坚持开展集体主义教育

集体主义是我国社会主义的道德原则，是我国整个社会的价值导向，是我们极力宣扬的主旋律。

1. 加强集体主义教育的必要性

一般而言，每个社会国家都认可的道德原则与带头提倡的价值观，全部是同它的基本制度相适合的，从古代到现代都是这样。

我国是社会主义国家，实行的是以生产资料公有制为基础的经济制度，具体内容如下。

（1）国家的主人为人民群众。

（2）中国共产党为领导核心。

（3）马克思主义为指导思想。

这些体现在意识形态方面往往就得必须让集体主义道德原则与价值观之间相互变得匹配。

与此同时，我们的市场经济，是现代市场经济与社会主义制度的有机联系。它的价值观、道德观的基本原则同样为集体主义。由于必须用集体主义去指导市场经济才可以将市场经济的积极效果尽情发挥，对应对市场经济的弱点方面才有帮助。所以，要求我们绝对坚持与加强对大学生开展集体主义教育，让他们知道一直对集体主义的强调其实从本质上来说也是坚持社会主义制度的要求，是完成一起富裕的目标，是应对市场经济不利影响的需要；让他们知道树立集体主义价值观对青年的成长存在很多非常不可或缺的意义。

2. 准确认识与把握集体主义的内涵是使大学生集体主义教育更加有效的首要问题

现在，为了使大学生集体主义教育更加有效，首先要处理的问题是帮助大学生全面、正确地认识和把握集体主义的内涵和它的实际要求。集体主义作为道德原则与价值导向有着三个方面的内容。

（1）个人利益与集体利益的有机联系。集体主义想要把个人利益与集体利益联系到一块，让它们可以很好地进行比较和谐的发展。

集体主义决非有些人所认为的“只讲集体，不讲个人，只讲集体利益，不讲个人利益”。社会主义的集体，代表着集体中任意一名成员的利益，同时又把维护集体的利益作为第一要求。

集体利益的向前发展假若停滞或者集体价值无法实现的话，也就没有个人利益与个人的价值得到实现的机会。

同时，必须让集体里的每个人的个人意志很好发挥，所有成员的价值才可以被认为是充分实现了，集体才能上升为一个真正的集体。

（2）集体利益高于个人利益。集体主义往往会对个人利益与集体利益相联系进行重点说明，二者在辩证统一的前提下，重点对集体利益要高于个人利益进行说明，主张当集体利益和个人利益有了冲突的情况下，个人要以集体利益为重，在必要时，个人应当保全集体利益。

对集体利益高于个人利益的重点说明，并不是说在所有情况下全部要牺牲个人利益。牺牲个人利益是有条件的，即集体利益和个人利益出现冲突，不牺牲个人利益就不能够也没有办法去保全集体利益。

（3）重视个人的正当利益。集体主义在对集体利益高于个人利益进行重点说明时也对集体绝对会尽力保障个人的正当利益可以得到满足进行了强调。

强调要让个人价值也得到充分体现，并力求让单个人特质得到尽可能发展，其本身刚开始就是集体主义一个不可或缺的方面，是集体主义本义。

（四）坚持开展诚信美德教育

诚实守信为中华民族的传统美德。在国与国的谈判、民与民的交往里，在日常生活与工作中，人们全部希望对方表现出诚实守信的风范来。没有人乐于同不守信用者打交道。诚信是中国社会从非常早以前开始广泛认同的道德规范，也是学校德育教育不可或缺的一个内容。

1. 大学生诚信失范的表现

改革开放之后，尤其是在体制转轨与社会转型的阶段，诚信失范的疑难和矛盾也显现出来。整体社会的信用危机让大学校园也没有免除在外，大学生诚信失范的状况表现在：一方面是考试作弊越来越多及其方式的一直变化、情节愈发呈现出恶劣之势，很多大学为了遏制作弊，甚至要求作弊退学。另一方面是欺骗师长。部分学生因为惰性、虚荣等不同缘由，在有了冲突、犯了错误时不会说实话；部分学生不让家长知道自己在学校生活学习的真实情况，让父母没有很基本的知情权。

2. 使诚信教育深入人心

一般来看，高等学校扮演着培育社会主义建设者与接班人的角色，教师对培育大学生的诚信有很大责任。

(1) 诚信是“四有”新人的基本品德。邓小平同志曾提出要培育“四有”新人。1994 年的《中共中央关于进一步加强和改善学校德育工作的若干意见》又非常清楚地表明：“新时期学校德育工作的总目标：努力培养有理想、有道德、有文化、有纪律的献身于中国特色社会主义事业的建设者和接班人。”

(2) 诚信是公民道德教育的基本内容。中共中央在《公民道德建设实施纲要》中表明了 20 字的公民基本道德规范，即“爱国守法、明礼诚信、团结友善、勤俭自强、敬业奉献”。这是第一次把诚信当作是公民的基本道德规范来要求的。

而大学生不管是作为普通公民还是作为其中的相对来说比较杰出的一员，全部应当是具有诚信品质的人。

(3) 诚信是社会主义市场经济对大学生的基本要求。通常情况下我们认为：我们构筑的社会主义市场经济和通常说的市场经济是不那么一样的，也就是说是有差异的。

它一方面得体现发达国家市场经济的大体原则，另一方面得要反映社会主义的根本上的要求。需要注意以下几点。

应当更加认真对待诚信；对消费者的利益更加关心；对市场运作更加在意；必须使信用制度慢慢地健全；使诚信道德慢慢地确立；使市场秩序慢慢地变得规范。

对作为以后社会主义事业主要力量的大学生来说，使诚信品质的培育变得非常有作用是事关社会信用制度是否可以构筑完善、社会主义市场经济是否可以无碍推进的关键。

（五）坚持开展“三德”教育

一般而言，我们的生活基本上有社会公共生活、职业生活、家庭生活三大方面。

社会公德、职业道德与家庭美德的教育三个方面是社会主义道德建设不可或缺的一种手段。

而大学生作为以后社会主义事业的接班人与建设者，是否可以深刻认识与实践该部分道德要求，直接影响到社会主义事业能否向前发展。所以，在进行大学生思想政治教育工作中，特别在进行大学生公民道德建设过程中，要加强对大学生的“三德”教育力度。

1. 社会公德

社会公德是指人们在公共事务、公共行为、公众角色与公众关系上的道德，它是社会共同利益的反映，是社会文明程度的一种特征。社会主义社会公德是社会主义道德体系不可或缺的构成要素，是一个人的道德基础。

高校要培育“四有”合格人才，努力提高社会主义精神文明建设力度，推进良好学风、校风的出现，对大学生社会公德的教育与培育绝对认真对待。其中，“文明礼貌、助人为乐、爱护公物、保护环境、遵纪守法”是对现在我国社会公德要求的简明总结。这 20 字为我们指明在人与人彼此的关系上、人与社会彼此的关系上、人与自然彼此关系上应展现出的社会公德规范。

2. 职业道德

职业道德是以“责、权、利”的统一为先决条件的，以统一个人、集体与社会的关系为核心的职业行为准则与规范系统。

职业道德是一种社会化程度相对来说比较高的角色道德，它有以下几方面可视点。

（1）通过人们的职业活动表现出来。

（2）通过人们的职业关系反映出来。

（3）通过人们的职业态度体现出来。

（4）通过人们的职业作风展示出来。

（5）通过它们的社会效果反馈而来。

职业道德的基本内容主要有以下几点。

（1）爱岗敬业。

（2）奉献社会。

（3）诚实守信。

（4）服务群众。

（5）办事公道。

3. 家庭美德

树立家庭美德，建设文明幸福的家庭，是社会主义道德建设的一个重要内容，可以有效保证社会成员幸福生活与社会文明健康发展。

家庭美德的基本内容概括为“尊老爱幼、男女平等、夫妻和睦、勤俭持家、邻里团结”。它从四个方面表述了家庭伦理道德的基本内容：一为“男女平等、夫妻和睦”，这是人们在婚姻家庭生活中绝对要遵守的基本伦理道德规范；二为“尊老爱幼”，这是家庭生活中处理好长辈与晚辈彼此关系的道德准则；三为“勤俭持家”，这是中华民族的美德；四为“邻里团结”，这是处理好邻居关系的道德准则。

（六）提高大学生的基本道德规范教育力度

提高大学生的基本道德规范教育力度基本上说是站在我国历史与现实的国情上的。

通常而言，我们在进行大学生道德建设的过程中要做到以下几点。

（1）坚持以为人民服务为核心。

（2）以集体主义为原则，以爱祖国、爱人民、爱劳动、爱科学、爱社会主义为基本要求。

（3）以社会公德、职业道德、家庭道德为着力点。

归纳在一起即“爱国守法、明礼诚信、团结友善、勤俭自强、敬业奉献”。下面对其进行具体介绍。

1. 爱国守法

“爱国守法”主要是对我们国家的公民与国家彼此之间的关系进行界定。因此，任何一位公民如果热爱自己的祖国的话，守法则可以被其当作是自己的道德“底线”。

（1）爱国。一方面，爱国主义生出中华民族的凝聚力与向心力，另一方面是抵抗外来的入侵、使不同困难得以消除、从黑暗走向光明的一面标旗。同时我们需要知道：爱国主义的实际内容与形式也是一直随着时代的进步而进步的。

（2）守法。遵守国家各项法律、法规与法令，既是公民的法律义务，也是对公民的一项道德要求。不守法就不能成为国家的合格公民。总而言之，公民的守法意识不可或缺，要培育文明行为，对出现的不良状况进行抵制，推动较好的社会风气的出现。

2. 明礼诚信

“明礼诚信”基本上是规范公民在公共场合与公共关系中的道德行为方面来说的。

明礼是公民在公共场合得遵守的最基本的道德准则，在公共关系中最基本的道德规则是“诚信”。

(1) 明礼。在实际生活中，明礼基本上就是表示公民在进行待人接物时，其言谈举止相应地要文明礼貌一些。它希望公民可以在重要的人际交往或其他活动里面可以知书达理，讲礼貌，彼此礼让等。

(2) 诚信。“诚信”是对“明礼”的深化与升华，其是中华民族的传统美德。不过在现代社会竞争一天比一天激烈的国际环境里，面对道德滑坡等现象的出现，下功夫提高大学生的诚信教育力度，提升其道德素质，以此为基础带动全社会慢慢地树立诚实守信的良好风气与道德品质显得更为重要。

3. 团结友善

“团结友善”基本上说的是规范公民与公民彼此的道德关系。

(1) 团结。重点对公民彼此的亲和力进行说明。

第一，团结是人类求得生存与发展的重要的元素。

第二，团结是人们在行动、情感等方面的和谐统一。

第三，团结所包含的凝聚力与向心力能发挥无比巨大的效果。

(2) 友善。友善与团结的功能相差不多，不过对公民个人彼此的亲善关系更加在意。

友善，是一个人进一步融入社会的先决条件。在社会生活与工作中友善待人，热心公益，也是对中华民族传统美德的一种继承。

4. 勤俭自强

勤俭与自强全部是对公民个人提出来的道德要求，基本上说的是对公民的个人行为的规范。作为现实生活中公民道德规范的勤俭，其内涵不管是从小家庭的发展还是从国家的建设而言，都是勤劳、节制、理性、昂扬进取的主动社会精神的发扬。

自强，在非常大程度上决定一个人、一个民族、一个国家的成败荣辱。作为道德规范，其基本上说的是：第一，自强是一种民族责任感。自强不息的品格世代相传，在不同的阶段一直会对中华民族开拓进取、奋发图强的精神有所激发。第二，自强是一种勇于抗争的精神。第三，自强是与时俱进的绝对要义。

5. 敬业奉献

敬业，基本上说的是规范公民与职业的道德关系；奉献，基本上说的是规范公民与社会的道德关系，并引申出公民对待他人的道德责任。

（1）敬业。“敬业”的“业”指职业，也就是岗位。社会虽然有着不同的分工，可是每行每业都离不开敬业精神。

培育劳动者的敬业精神，对社会生产力的发展有很大好处，也对社会的向前发展与稳定有益。

（2）奉献。奉献即为了正义与真理，为了国家与民族的利益献出自己的所有，哪怕是自己的生命，其是一种崇高的精神境界，是相对来说比较高层次的一种道德方面的实践。

愿意奉献是社会主义道德建设一直在弘扬的一个主旋律，其也是衡量一个社会道德水平的基本标准。

二、坚持开展素质教育

（一）以大学生全面发展为任务深入开展素质教育

1. 素质教育的内容

素质教育为时代发展的新趋势，是教育改革产生的新思想与新概念。它主要表示的是在人固有的“感觉器官”与“神经系统”等“生理条件”的前提下，开发与推动人的“心理发展”，并赋予人的“心理内容”与抬高人的“发展水平”的工作与活动。所以“素质教育”不是通常意义上的知识教育、技能教育，而是一种包含开发性的心理教育、意志道德教育。

它通过有目的、有科学的教育实践活动，让人的先天潜能与后天个性特征得到最大限度的展现与健全，以此为基础慢慢培养出社会所需要的素养品格。

素质教育很明显和通常的那种专业教育不一样，它并非一种教育模式与类型，而是一种新的教育思想与观念的反映，其对象往往是人的认知结构与内在的身心品格，所以非常难以用教育活动来进行展开。

总的来说，素质教育是一种世界观、人生观、价值观与审美观的教育。在时代进步飞速的现在，竞争日益激烈的社会中，我们特别要重视提高对大学生素质的教育力度。

2. 素质教育与大学生的全面发展

（1）素质教育是全面发展的前提与条件。通常而言，培育什么样的人，如何培育，这是高等教育绝对首先处理的疑难。人才的培养规格与质量一定要适合以后现代社会的发展需要。

在这样的情况下，实施大学生素质教育是社会与教育向前进步的必经之路。一定得以全面优化的综合素质为前提，大学生才会拥有全面发展的潜能。

（2）素质教育应准备好先决条件，看得长远。教育是影响千秋万代的大业。必须得准备好先决条件，大学生的全面发展以后会一直产生后劲与动力。

素质教育作为一种科学的教育思想与人才培育模式，它重点说明了人对推动自身长远发展方式的掌握，并以此为基础利用自身的力量推动人向更高更远的层次发展。

所以，推进素质教育不单单是推动大学生全面发展的需要，还是大学生在承担社会责任过程里面推动社会与人的可持续发展的长远需要。

同时还需要注意的是：育人，是一个不可操之过急的一个过程，这一过程和素质教育的渐渐实施与大学生全面发展的一步一步地完成是处于同一个步伐的。

（二）深入开展民主法制教育

对大学生开展民主与法制教育方面的相关教育，主要就是想要让大学生对社会主义民主必要知识进行正确认知。

社会主义现代化建设、健全社会主义制度的根本保证是高度的社会主义民主与完善的社会主义法制，对大学生开展社会主义民主与法制的教育，为思想政治教育的一项非常漫长的任务。

1. 社会主义民主教育

（1）社会主义民主概念。社会主义民主是指在社会主义国家里，以工人阶级为领导的全体人民在共同享有对生产资料的不同形式的所有权、支配权的前提下，享有管理国家的最高权力。

（2）社会主义民主内容。准确而言，社会主义民主的内容主要涵盖以下几点。

①人民是国家的主人，国家的一切权力属于人民。

②人民有权管理国家，管理每项经济事业、文化事业与其他社会事业，监督国家机关及其工作人员。

③依法享有人身、言论、通讯、出版、结社、游行等自由的权力。

④在法律面前人人平等。

（3）社会主义民主意义。发展社会主义民主有以下几点意义。

①让人民提升主人翁责任感。

②让人民群众尽情发挥自己的主动性与创造性。

③让社会主义现代化无碍发展。

④让我国每项事业的发展与人民的利益与愿望相一致。

⑤增进党内团结力度。

⑥使党与人民的团结力度得到加强。

⑦创造出良好的党风与社会风气。

同时我们需要知道：社会主义民主是社会主义制度一个不可或缺的政治方面的原则。发展社会主义民主是党一直以来都在贯彻落实的一个方针。

当然，社会主义民主也存在一个慢慢发展与健全的过程。民主完成的程度受到主、客观条件的限制。我们的建设高度的社会主义民主的任务是一个非常漫长的过程。在这个过程里，得慢慢地创造条件，大力发展经济、增进大学生的科学文化素质与思想政治素质，这样才能慢慢向着社会主义民主的任务发展。

2. 社会主义法制教育

社会主义法制，主要是指无产阶级领导人民在国家政权的基础上构筑起来的法律制度和相应的社会秩序。

开展社会主义法制教育，得帮助大学生培养非常清晰的依法意识。法治是党在新阶段的一种执政手段，是民主的制度化、法律化，是人民当家做主的形式与渠道。思想政治教育应帮助大学生非常清楚地认识依法治国，带领大学生树立宪法至上的意识，树立法律面前人人平等的意识，也就是所有人在法律面前全部没有例外，所有组织、团体的所有活动不得跨过法律，不管是个人还是组织，其活动全部得在宪法及其他法律的基础上展开。帮助大学生树立该法治意识，是开展法制教育的前提条件。

开展社会主义法制教育，得带领大学生知法、守法、懂法；得教育其严格依照国家法律办事，并同违法的人与事做斗争。

（三）深入开展人文素质教育

人文素质教育能够让学生获得多学科的知识，开阔眼界，拓展知识面，培养创造意识，并以此为基为他们创新能力的发掘打开通道。经人文素质教育，可以挖掘人的一部分思维潜能。

因为历史的缘由，传统文化里优秀的人文精神在经历了不少次的动荡之后慢慢淡化了。同时，伴随着改革开放西方多元化文化思想的涌入与经济的很快发展，个人主义、拜金主义等跨进一些人的精神世界，影响到人的信仰，在价值观、世界观等方面出现人文精神危机，甚至导致了部分脱离时代的人。

为了让大学生成为合格的社会人，成为社会文明向前发展的推动者，对大学生进行人文素质教育非常有意义。

1. 加大人文素质教育力度的意义

（1）成功的人文素质教育是人类社会全面和谐发展的需要。单纯的科学技术的向前发展会带来很多社会疑难和矛盾，让人类文明陷入一定的危机，社会将碰到危害尤其大的破坏，人类将会品尝到科技向前发展不好的那部分果实。科技不向前发展，人类往往会变得落后；人文素质教育假若不进行的话，人类将慢慢地落入到科技发展带来的文化深渊里不能继续前行。社会是否可以和谐发展，和高等教育培育出来的人才素质密切有关。所以，高等学校在注重科技教育的时候，一定得认真对待人文素质教育。

（2）人文素质的增进是弘扬民族文化的先决条件。文化是民族历史发展而来的，通常而言，它代表着一个民族的过去的历史，反映着一个民族的个性。

一般不对民族的优秀传统文化进行相应必要的弘扬，也就不会对外国的文化成果非常好地吸收。

在人文教育里，全球每个国家都非常认真对待弘扬本民族的传统文化。如在国外高校工程教育里，人文社会科学教育方面的课程内容设置多以本民族文化为主，该部分课程要么是必修课程要么是核心课程。

（3）认真对待人文素质教育是科技本身发展的需要。如今科技发展的基本浪潮反映为学科的分化和综合的一直进行。

科学就其根本上是希望人们可以从整体上对事物有所知晓的，因为这也是必要的。但是，科学的整体性被分解，还被分成那么多独立的学科并非是因为科学所研究事物本身的原因，而主要是由于人类的认识能力有限、人的认识能力不够的缘故。

多元的时代希望人们具有多元的技能水平，这种综合技能水平表现之一就是希望人们可以把握不同学科之间的智能结构并进行彼此之间的互补。现在有一部分发达国家已经有了很多新兴的STS（科学、技术、社会）课程，它们的产生和出现，其实也是人文科学和自然科学彼此连接的一个体现。

（4）人文素质的提升是关系到个人发展的重大疑难和矛盾。一个在专业知识上受过高等教育的人，假若没有本民族的人文素质的底蕴，往往不会为本民族做出什么大的贡献；假若他对世界范围内的人文精神一点儿也没有概念，他常常也不会对人类的发展做出应有的贡献。大学生人文素质的增进，可让其陶冶情操，对个人的能力有一个更详尽更健全的了解。

2. 加大人文素质教育力度的基本要求

高校的人文素质教育是教会学生怎样做人、做事，怎样处理人内外的疑难和矛盾。

（1）人与自然方面。人类在利用与挖掘自然潜力，为自身创造愈发多的物质财富的同时，资源枯竭、生存环境被破坏的矛盾也显现出来。

在以后的发展中，怎样在利用自然时可以对自然有所保护是人类发展面临的重大课题，也是人文素质教育一个不可或缺的内容。

（2）人与社会方面。社会是共同生活的个体通过各种各样的社会关系联合起来的集体，可是人和社会也有着各式各样的冲突。社会为了公共利益而去限制个人，而个人的需求常常又是个性化的，导致了双方的矛盾。

人文教育最基本的内容包括以下几点。

①怎样带领学生很好地了解社会，适合社会。

②如何让学生很好地处理社会需求与个人发展的关系。

③学生该怎样以高度的责任感去完善社会的不健全之处，让其向更高阶段发展。

（3）人与人方面。很好地应对个人与集体、个人与家庭、个人与他人彼此的关系，既是社会的要求，也是个人健康发展的要求。在现在社会分工一方面向精细发展另一方面高度综合的情况下，一个人的组织管理能力、与人合作的精神是不可缺少的。我国的传统文化在这方面留下了尤其丰富的遗产，可供我们学习参照。而需要重点说明的是，大学生人文素质教育的主旋律一定得是爱国主义、集体主义的大力弘扬。

（4）人的自身方面。怎样应对人的情感、意志等的冲突，让人拥有高尚美好的情感，坚忍不拔的意志，是教育家一直想要达成的目标，也是人文素质教育一直希望予以应对的疑难和矛盾。

第六章　大学生思想政治教育与“中国梦”

习近平总书记在2013年7月21日视察武汉东湖国家自主创新示范区时指出：“一个国家知识经济体量大，还不能代表强。国家富强靠什么？靠自主创新，靠技术、靠人才，科技是国家强盛之基。”从这段话中我们可以看出，要想实现中国梦的具体路径，就必须走出一条具有中国特色的创新路，实现我国成为创新型国家的发展道路。

第一节　“中国梦”与我国的社会建设

“中国梦”以开拓创新为主，是国家发展核心驱动力的国家梦想，主要以技术创新为经济社会发展核心要素。

“中国梦”不仅仅是国家和民族的梦，更是祖国人民的梦，要想实现人民的梦，必然离不开社会建设。

一、“中国梦”

在社会主义初级阶段的文化背景下，在发展中国家的基础上建设现代化，是实现中华民族伟大复兴的重要前提和保障，通过技术层面界定创新型国家，实现技术创新，同时转化驱动经济发展的核心动力，不仅仅需要多个层面的技术创新，还需要多个环节和多种力量及协调保障等全方位同步进行，主要涉及科技创新、教育创新、制度创新、思想创新和文化创新五个有关国家建设的重要方面。

这是一种在13亿多人口的国度中实现共同富裕的全新探索和全新实践，把我国建设成创新型国家，要达成这一创新的梦想，需要在上述五个有关国家建设的重要方面着力。

（一）实现“中国梦”的根本——科技创新

近代以来，科技创新是实现国家富强、民族振兴和人民幸福的决定性因素，世界各国之间综合国力的竞争，实际上是科技实力的竞争，由此可见，世界大国在实现强国梦的历史进程中，科技革命发挥了重要作用。

当代科学技术作为第一生产力是科技创新的广度和深度的竞争，科技革命带动工业革命。

科技创新是提升企业竞争优势、强国富民的前提，是实现中国梦的决定性力量，它不仅极大地推动了经济发展，还深刻地影响着社会发展的进程，从这个角度看，是决定了一个民族的崛起和国家梦想成真的关键性先导力量，“中国梦”应是一个科技强国之梦。

历史上的中国与西方发达国家的差距很大，主要原因是我国在工业革命时期错过了，甚至是之前的第一次和第二次科技革命也错过了。

中华人民共和国成立初期，在中国共产党的领导下，我国人民艰苦奋斗、自力更生，最终实现了科技发展道路，在科学技术领域取得了一系列重要成果，“两弹一星”工程、“结晶牛胰岛素”的合成等，都是我国在科技领域发展的重要成果。

迎着改革开放的春风，我国抓住时机赶上了第三次科技革命和工业革命的到来，在新材料技术、信息技术、航天技术等科学技术领域跻身世界前列。我国的科学技术发展迅速，但是，我们还是要清楚地认识到，我国在整体的创新能力上和创新成就上与欧美国家相比较还存在一定的差距。

现在我国出现的最大科技创新问题是，我国目前在很多科学技术领域依旧没有掌握核心技术，我国的创新处在一个模仿的阶段，并没有形成具有中国特色社会主义的创新形式。源头性创新和突破性创新是我国比较薄弱的领域。

决定一个国家经济增长是否迅速，原始创新能力起着一定作用，我国就是缺少原始创新，所以我国的经济增长一直处于低水平的规模扩张，同时这种模式还加剧了资源的消耗，我国为此付出的不仅仅是资源，更是环境的压力。

一个国家在面对经济转型问题时，科技是关键，同时科技创新是根本。就我国而言，不能再单纯地依赖投入，我国应该在提升质量和效益双向齐头并进，走特色核心的内涵式发展道路。

（二）实现“中国梦”的基础——教育创新

“中国梦”的根是科技创新，“中国梦”的魂是教育创新。我国从 20 世纪 80 年代之后进行的改革开放政策，主要以解放生产力为目的，实践科技是第一生产力的论断。

实现解放生产力的重要一环就是如何发挥科学技术工作者的创造性，

培养学生创新精神、创新意识的关键则是构建创新型教育。

以培养创新型人才为目标，以创新作为教育的核心使命、核心竞争力和核心理念，开展探讨激发学生创新意识的教学方法和探索性教学研究，就是创新性教育。

激发学生学习的兴趣比强制学生学习更重要，引导学生学会应用知识比单纯传授知识更重要，教会学生学习的方法比教授知识更重要，养成科学精神比传播科学更重要，以上说的几点是我国创新性教学应该具有的特质。保证培养出来的人是具有创新精神、创新思想的“智者”，要建设符合科技发展规律、教育发展规律的“智者”，实现中国梦的具有创新理念的创新型教育为依托，而不是只具备知识和技能的“技工”。

中国的教育如若仍然原地不动，只会成为束缚改革的桎梏。改革开放以来，中国社会进入转型时期，社会巨变意味着对人才的要求也是多样化的，2005 年，我国“两弹一星”元勋，已故著名科学家钱学森提出著名的“钱学森之问”，即“现在中国没有完全发展起来，一个重要原因是没有一所大学能够按照培养科学技术发明创造人才的模式去办学，没有自己独特的创新的东西，老是冒不出杰出人才”。“钱学森之问”的本质就是在探寻中国高等教育的创新何在。中国的初等教育也面临着同样的问题。因此，中国的教育改革势在必行，唯有教育创新才能真正托起“中国梦”。

（三）实现“中国梦”的保障——制度创新

在创新型国家建设中，以技术创新支撑经济发展，已经不再是固有的模式了，创新型国家建设意味着要使创新成为社会的普遍行为。因此，制度选择、制度创新就显得尤为重要，深层次保障对于形成创新型国家来说就是制度保障。新中国成立以来，经过几十年的风雨历程，通过不断调整优化国家创新体系，通过制定政策和体质优化外部环境，通过国家整体的集成，来提升创新能力。虽然经过这么多年的努力，我国的创新能力有了很大提升，并且不利于创新的因素也减少了很多，我国的社会结构通过创新能力的提升已经发生了深刻的变革，对于 2020 年我国完成创新型国家的目标有了一定提升，但是距离创新型国家还需进一步深化改革完善体制和机制。

这既包括进一步转变政府职能，明确政府在创新体系中的地位与角色；也包括建立和完善一系列的制度作为保证，具体包括进一步创新科研体制、创新科技行政管理体制、建立推动技术创新的投资制度、强化和完善知识产权保护制度等。其中，政府在创新体系中的地位与角色的明确定位是“创新制度”中的首要内容，从《中共中央关于全面深化改革若干重大问题的决定中》可以看到这一转变的巨大进步。

（四）实现"中国梦"的原动力——思想创新

科技创新，抑或是教育创新、制度创新，根本在于决策者和参与者的思想创新。创新思想是一种勇于突破已有认识和做法的强烈意识，有了创新思想，才有创新行为，进而获得创新能力。从世界发展史来看，任何一次社会的变革或转型，都离不开思想创新做先导，思想层面的创新是完成社会层面转变的原动力。从当代我国进行的创新型国家建设、"中国梦"的构建来看，这是一项前无古人、后无来者的伟大创新工程，它必然会受到传统理论、传统观念、传统范式和保守思想的束缚和局限，因此，如何能够激发所有人的热情和动力，保证改革的顺利进行，就必须勇于向传统的理论、观念、范式和保守思想挑战，敢于突破上述各方面的束缚和局限，大胆地解放思想。只有思想上得以解放，才能从心理上接受改革、行动上推进改革。

中华民族是一个伟大的民族，在历史上创造了令世界瞩目的成就，我们民族传统思想中包含许多值得学习和挖掘的东西，但同时也存在一些与现在提倡的创新思想相背离的东西，如重守成，轻创新。中国在工业化的世界历史进程中落在其他国家的后面，与此有极大关系，我国当前进行的创新型国家建设亟待清除这种保守意识，代之以既重守成，更重创新、敢于标新立异的创新思想。

思想创新在美国的创新意识中具有非常强烈的根基意识，美国人可以和别人共同使用一块毛巾，但是不会和别人共同使用一个创新点子。美国人的做法是值得我们学习的，对于这种创新的思想和意识我们应该普及到各个部门和众多领域中，还要使个人家庭和学校等诸多社会层次和领域都要具有创新意识，使他们真心、自觉并相互比拼着进行创新，让这种创新意识真正地进入到我国的民族的潜意识中去，初步发展成为一种无意识的习惯行为。

（五）实现"中国梦"的土壤——文化创新

新世纪召开的第一次全国科学技术大会上，胡锦涛总书记明确指出："一个国家的文化，同科技创新有着相互促进、相互激荡的密切关系。创新文化孕育创新事业，创新事业激励创新文化。"创新在党的科技思想发展史上被赋予新的理念，那就是创新科技和文化被要求统一和有机结合形成一种创新文化的现代理念。

作为精神力量和催生创新的肥沃土壤，一般来说，创新文化对于创新型国家来说主要有以下内容。

首先，作为每个公民的基本职责，创新应该是随处可见、随时可见的一种深入到民族潜意识的习惯，创新工作应该作为工作的追求，尤其是作为科技工作者更应该崇尚创新。其次，对于创新的失败我们应该持宽容态度，鼓励创新工作者冒险，将创新作为一种人力资本价值的判断依据；对于创新者来说，面对疑问要敢于质疑和询问，可以挑战权威；把创新失败看作是创新的财富，提倡自由平等交流，对于创新要实行学术民主化和实现自由化。

自由追求公平开放、自由民主和积极进取的文化，对于创新者来说才能够孕育出一种新的创新文化。在当下的社会中，我们必须保持一种多元开放和坦诚的形态来构建“中国梦”，实现文化创新的建设。

1. 建设开放社会

建设开放社会是创新文化的首要条件，对于一个开放的社会来说，它可以形成多元化的生活方式、多元化的思维方式和多元化的思想观念，这种多元化对于创新来说是一种灵感的萌发，如果是一种封闭社会一定是不利于国家创新的，必将会形成一种思想封闭僵化，还不利于培育创新型人才。所以说建设开放社会是创新文化的重要条件。

2. 建设法治社会

建设法治社会是建设创新文化必备条件，是促进创新并实现梦想的基本途径，在法治社会中可以保护创新的权利不受侵害。建设法治社会是创新环境的基本途径和保障，对于公民来说法制社会具有社会各个阶层的广泛流动性，这种广泛的流动为公民的创新提供了良好的环境，是国民实现梦想的基本途径，所以说法治社会的建设不仅为公民提供保障，还为公民提供平等机会。

3. 建设诚信社会

建设诚信社会可以成为资本市场的助推器，同时还有利于建设创新联盟。诚信社会可以激励风险资本向创新投资，能够推动合作创新，共同开展核心技术攻关，建设诚信社会有利于提高资本市场的配置效率。

要想成为一个创新的民族和国度，历史证明，一个不善于学习的民族和不遵循历史发展规律的国度，是不可能成为创新国家的，中国特色的社会主义道路既是一个经过 30 多年改革实践，逐渐摸索出来的道路，同时也是一个经过理性思考，又勇于大胆创新的道路。“中国梦”的实现是有根基的，它是通过创新国家的建设来实现的，并通过教育创新、思想创新、科技创新、制度创新和文化创新，以及各部分之间的协调来保障创新的实现。同时，我们也应清醒地认识到，创新是存在风险的，但创新当中更蕴涵着巨大的机会和无穷的潜力，创新的实践过程本身也会进一步凝聚中国力量、凝练中国精神。

二、社会建设

“中国梦”不仅仅是国家和民族的梦，更是人民的梦。而实现人民的梦离不开社会建设。在中国特色社会主义道路的伟大征程中，经过改革开放三十多年的发展，我国的社会建设已进入全面发展时期，取得了一系列重要的实践成果：社会事业稳步推进，社会保障逐渐完善，社会管理不断加强，社会风气逐步好转，社会文明初步成型。纵观新世纪新阶段我国经济社会发展的新要求和我国社会出现的新趋势、新特点，为了更好地继承和发展我国社会主义社会建设的实践成果，社会建设需要在理论和实践上进一步提升为社会文明，不断推进社会主义社会建设的发展。

（一）社会建设——社会文明的实践基础

人类实践和自身生存、发展而进行长期的活动产物和实践活动创造的积极成果就是文明。

恩格斯指出：“文明是实践的事情，是社会的素质。”换句话说就是人类社会的文明发展和存在基础是实践活动。人类的实践活动都是在产生和发展中实现的。

马克思主义认为，社会文明的实践活动积极成果主要是由两大基本要素和基本属性构成。

1. 社会文明基本要素——物质生产

物质生产是文明的重要果实。马克思明确指出：“由于最重要的是不使文明果实——已经获得的生产力被剥夺，所以必须粉碎生产力在其中产生的那些传统形式。”

2. 社会文明基本要素——精神生产

精神生产是文明的精致成果。恩格斯曾经针对一些头脑简单的革命者敌视一般精神文明时，批评他们“想把世界变成工人的公社，把文明中一切精致的东西，即科学、美术等，都当作无益、危险的东西，并且加以消灭，这是一种偏见”。

3. 实践活动基础上的基本属性——实践性

人类通过以物质生产为基础的实践活动使人的本质力量“对象化”出去，创造了自己的生活与文明，形成了真正属于人的积极成果，从而使人摆脱了野蛮的状态。

4. 实践活动基础上的基本属性——社会性

文明标志着人类社会的进步程度和开化状态。文明是社会的文明，不是属于具体的个人的。进一步讲，脱离社会和社会文明的个人是不存在的，个人只有在一定的社会文明中才能称其为“人”。总之，人创造了文明，反过来文明也塑造了人。

5. 实践活动基础上的基本属性——价值性

作为实践活动基础上的基本属性之一价值性，它的内核是一种文化价值形态，也就是表现为一定的思想文化和价值观念，作为人类实践活动的文明成果，他的外在形式总是依托于某种物质载体。

作为价值概念的文明，反映了历史进步的时代要求，人类社会发展与否的标准也是判定条件之一，同时还极大地促进了人类的进步和发展，因此，在根本上就是人类在实践活动中创造的思想文化及其价值观念。

（二）社会建设付出的代价

历史发展表明，进步往往与代价相并而存在。人类的实践活动创造了社会历史的进步，与之伴随的还有为此付出的代价。资本主义社会取代封建社会同样是一种历史进步，但这种进步却是以“血与火”的资本积累、赤裸裸的殖民掠夺以及对工人的残酷剥削为代价的。

在人类历史上，历史的进步中奴隶社会代替原始社会，是一种进步表现，但是这种进步却是以牺牲“原始平等”和“淳朴道德”为代价的。

1. 工业革命带来的影响

马克思基于这种“二律背反”的现象，深刻地指出：“在我们这个时代，每一种事物好像都包含有自己的反面，我们看到，机器具有减少人类劳动和使劳动更有成效的神奇力量，然而却引起了饥饿和过度的疲劳。新发现的财富的源泉，由于某种奇怪的、不可思议的魔力而变成贫困的根源。”

现代社会发展引起人们高度重视的代价问题，特别是，人类跨入工业文明以来，在工业革命之后几百年的时间里，人类改造自然与征服自然的能力不断增强，人类创造的物质成果比之前创造的总和还要大、还要多。随着生产力水平的提高和人类活动范围的扩大，人类在取得如此成就的同时，面临着民族国家战争冲突，地区和地域之间发生环境失衡和资源受到破坏等一系列危机，这种潜在危机已经对于人类自身的生存与发展构成了严重的威胁。

2. 代价对各方面的影响

“代价”作为一个概念，[1] 在日常生活和科学研究中被人们广泛使用和论及。

(1) 日常用语。在我们的日常用语中，代价就是我们在进行某种目的时所做出的各方面的消耗，同时为了达到这种目的还会进行相应的投入和付出。

(2) 经济学。在社会的高速发展中，经济已经是一个常用词，对于经济中的代价，一般被看作是各种损耗、机会成本、日常消费和生产成本等。

(3) 哲学。从哲学的角度来看代价，代价是社会在进步的过程中，由于人类的实践活动在追求中引起不当的消极后果。代价属于价值的范畴。

不论从哪个角度来看，“代价”就是人类在实践活动中为了社会发展所做出的付出和牺牲，同时还有承担社会发展的消极后果。

3. 中国社会建设付出的代价

中国社会建设经过改革开放三十多年的发展，和国际相比，我国的特色社会主义事业发展相对来说较平稳。虽然说我国的特色社会主义建设在各领域取得比较好的成就，但是取得成就的同时也付出了一定的代价，这些代价主要表现在社会矛盾增多，其中包括医疗、社会保障、教育就业、住房安全、社会治安、执法机构、生态环境和食品药品等一系列问题，城乡居民收入差距大，部分群众出现生活困难等情况。以上说的问题都是社会建设中出现的问题，需要我们进一步加强和解决，逐步消除矛盾，全面发展中国特色社会主义。

针对社会发展中不协调、不可持续和不平衡等问题的出现，我国应当积极应对，通过进一步推进民生，改善和保障民生来逐步消除社会生产之

[1] 艾四林. 中国梦与大学生思想政治教育 [M]. 北京：中国文史出版社，2014.

间的矛盾，我国的基本国情通过以上的矛盾依旧处于社会主义初级阶段，物质生活的增长和落后的社会生产是社会建设重点，要想取得社会主义文明成果就要不断建设中国特色社会主义。

（三）社会建设——历程与成果

在十一届三中全会以后，为开辟建设中国特色社会主义新道路，我们党深刻总结经验教训，果断做出战略决策，抛弃错误方针，把党和国家的工作重点转移到社会主义现代化建设中，并实行改革开放政策，开启社会主义现代化建设的新时期，使我国社会的经济发展进入一个快速发展的时期。

1. 针对邓小平同志社会建设提出的战略思想

伴随着经济的快速发展，改革开放初期，社会发展出现了一些新问题：贪污腐败现象增多、腐朽思想露头、治安形势恶化、社会风气败坏，针对我国现代化建设实践出现的这些新情况，邓小平同志深刻指出，“现代化建设的任务是多方面的，各个方面需要综合平衡，不能单打一”。他还指出，不能认为经济发展就等于是教育、科学、文化、卫生等发展。

邓小平同志针对社会建设提出制定“六五”计划建议，至此党中央通过建议开始对我国重要战略思想进行改革，由最初的国民经济发展五年计划修改为国民经济和社会发展的五年计划。

这种战略思想落实到具体政策的制定和实施上，经过改革开放初期的发展，在社会主义现代化建设的实践探索中，社会建设的思路基本继承了改革开放初期的“以经济建设解决政治问题和社会问题”的思路，并逐渐重视社会平衡发展的问题。

这一时期，社会秩序、社会风气要搞好，经济要上去，各项社会建设政策的推出依然是服务于经济建设，邓小平同志反复强调两个文明建设要协调发展。

面对社会发展出现的新问题，在经济问题之外，调动一切积极因素，正确处理人民内部矛盾，调动人民群众的积极性，团结一切可以团结的力量，努力化消极因素为积极因素。建立养老保险、医疗保险和失业保险制度，实施城市居民最低生活保障制度，要按照统筹兼顾的原则来调节各种利益的相互关系，秉承社会主义的本质精神，消除两极分化，消灭剥削，发展生产力，解放生产力，最终达到共同富裕。

在这一时期，开展“八七扶贫攻坚计划”，实施科教兴国的发展战略，包括农村基本普及九年义务教育，推动下岗职工基本生活保障和再就业工作，其内容广泛涉及医疗、就业、社会保障、教育、住房与福利等各个领域，是社会建设的制度建设和实践成果取得的一些新进展。

市场化趋势的发展，对社会建设产生了重大影响，社会主义市场经济体制开始逐步确立，人们的基本物质生活逐步提升，作为经济体制改革的一项“配套工程”，成为这一时期我国经济社会发展的主旋律，我国经济社会发展进入了一个新的历史阶段。

对于新世纪社会建设的深入发展要想走出短缺的经济时代，就必须进行改革的深入研究，通过物质文明提升国民道德修养，通过经济建设发展国民经济水平，通过打击犯罪保障社会稳定，社会主义市场经济体制的确立和发展，使我国的教育、住房、劳动、就业、卫生和保障等问题给建设社会主义带来新问题，同时也是改进社会主义的重要途径，对于新世纪的社会建设深入研究，就应该是当下新问题的解决。

2. 新世纪社会建设的深入发展

进入 21 世纪，中国社会主义现代化事业继续推进和深入发展。“我国已进入改革发展的关键时期，经济体制深刻变革，社会结构深刻变动，利益格局深刻调整，思想观念深刻变化。”

社会发展、经济结构和社会组织形态出现重大变化，其中社会发展面临着深层次的矛盾和问题，我国的新世纪社会建设已经进入了一个攻坚阶段。我国的利益关系更趋向复杂化，同时新的社会阶层出现，[1] 不同的社会阶层与利益群体出现了不同的利益诉求和价值观念、不同的利益表达和利益维护方式。这几个变化表明了我国社会主义现代化建设处于前所未有的新的发展阶段。

十六大以来，我国针对改革发展提出了深入落实科学发展观的观念，把经济建设、文化建设和政治建设，及构建社会主义和谐社会等重大战略任务作为建设社会主义的战略思想，正式纳入到中国特色社会主义事业的总体布局上来。2004 年和 2005 年分别明确提出了加强社会建设的要求和中国特色社会主义事业的总体布局由社会主义政治建设、经济建设、文化建设三位一体发展为社会主义政治建设、经济建设、文化建设、社会建设四位一体。针对我国改革发展这一重要形势，更加明确并强调：“关于社会主义社会建设的理论，是马克思主义理论的重要组成部分。”

在这一系列思想和理论的指导下，十七大提出了社会保障、就业、收入分配、医疗卫生、教育、社会管理等六大领域社会建设的具体目标和任

[1] 陈志勇. 新媒体时代的大学生思想政治教育［M］. 北京：中国文史出版社，2014.

务，强调在经济发展的基础上更加注重社会建设。

这一时期各级教育迅速发展，城乡居民收入较大增加，城乡居民最低生活保障制度初步建立，公共卫生体系和基本医疗服务不断健全。

改革开放三十多年的社会建设，取得了突飞猛进的发展，贫困人口基本生活得到保障，社会建设全面展开，社会管理逐步完善，家庭财产普遍增多，人民生活显著改善，各类农村免费义务教育全面实现，就业规模日益扩大，社会大局稳定，居民消费结构优化，人民健康水平不断提高，享有的公共服务明显增强，人民安居乐业，衣食住行用水平不断提高。同时以社会福利、社会保险和社会救助为基础的社会保障体系进一步加强。

总之，发展中国特色社会主义的理论与实践，对党执政经验的总结，积累了宝贵的经验，在社会主义社会建设理论和实践上取得了一系列的重要成果，对一般社会主义建设规律以及人类社会发展规律认识的深化，对我国社会主义建设规律认识的深化，都是我国社会主义建设取得的重大成果。

（四）社会建设——社会文明

社会文明的形成与发展总是在一定的社会结构中进行的。社会结构从广义上讲，是指社会的经济、政治、文化和社会等各组成要素之间的关系和状况；从狭义上讲，社会结构是指一个社会及其成员的组成方式及其关系格局。

近代以来的社会发展表明，一个社会的最重要和最基本的结构就是经济结构和社会结构。二者相辅相成、协调发展，才能保证整个社会的良性运行。

社会文明的广义含义主要包括社会、政治、精神、物质文明等。社会文明的狭义含义特指近代以来人类所创造的积极成果，主要包括社会生活领域的精神和物质层面，然而人类的社会领域又划分为社会、政治、精神和物质领域。

马克思在《＜政治经济学批判＞序言》中提到，整个的社会生活、精神生活和政治生活都受到物质生活的生产方式约束。马克思将物质生活的生产方式作为社会生活的决定因素，同时把社会、政治、精神和物质并列在一起，说明了他对整个社会的结构做出了相对比较科学的解答。社会建设的发展方向和重要组成部分都是由当代社会文明的高低来体现，同时马克思主义理论基础的基本要素（政治生活、社会、精神和物质）也是社会文明发展的重要理论依据，社会文明就是人们在实践活动中在各个领域取得积极成果和进步状态，其中物质、政治、精神和社会文明都属于社会文明。

简言之，“社会文明”的“社会”，是与经济、政治、文化并列的社会领域。与此相对应，“社会文明”则是指与物质文明、政治文明、精神文明并列的，主要是社会建设在事实层面和价值层面取得的积极成果，表征着社会领域的进步程度。

1. 事实层面

社会建设中的社会文明不只是依靠理论来研究社会文明而是要根据事实来展现出社会文明。

社会文明是一个社会建设所取得成果体现，社会文明的重要组成部分是由民生和社会管理构成，是达到和谐社会的重要依据和结构。

2. 价值层面

随着经济的快速发展，社会建设中的社会文明是一种为了达到社会价值的良好社会秩序。社会文明从价值方面来看主要组成部分是社会共同价值观和社会风气。

在新世纪社会建设中，社会文明就是要做到合理有机统一，而且还要兼顾价值理念。

3. 社会结构秩序

社会建设中构建经济结构和协调社会结构，对于社会文明中社会构建秩序和自身发展都有重要影响，同时也是构建各类社会组织的重要结构。

在解决冲突、表达利益和分配利益等方面，应正确处理政府、市场和第三部门之间的关系。规范行为、反映诉求和提供公共服务的社会功能，增强其公共服务职能，才能平衡社会各阶层的利益国家应积极转变政府职能、建设公共服务型政府，以适应社会利益格局的深刻变化，在保持经济调节、市场监管等传统优势的基础上，协调社会各阶层之间的利益关系。

重视社会建设和社会管理，弥补政府和市场的不足，政府要协调并满足各种正当的利益诉求，促进社会生活领域的和谐发展，进而促进国家和社会的良性互动。

未来的路还很长，我们要认真总结社会建设的经验，在解决好民生问题的同时，把社会建设进一步提升为社会文明，促进社会结构秩序和社会价值秩序相统一，推进社会主义物质文明、政治文明、精神文明和社会文明全面协调发展，为人类文明做出更大贡献。

这是中国特色社会主义社会建设的美好愿景，也就是社会建设的“中国梦”。

第二节　“中国梦”与人民生活

为我国特色社会主义指明方向的首先是中华民族伟大复兴之梦的提出，这一理论的提出，鼓舞了精神，凝聚了人心。

但是“中国梦”的理论依据是什么，“中国梦”和人民群众之间有什么样的关系，“中国梦”的本质内涵又是什么，深入研究“中国梦”和以上三点的关系，是我国在实现“中国梦”进程中需要把握的方向和具体内容，这是一项事关人民生活和“中国梦”之间的理论价值和现实意义的深入研究。

一、“中国梦”与民生幸福的追求

“民生”一词泛用于古今中外，是关于“人”的生存与生活状况的概念。由于统治阶级利益的各异，时代主题的不同，因而使得该概念打上了清晰的阶级烙印，体现出鲜明的阶级色彩。

（一）民生所包含的内容

《辞海》对“民生”的解释是“人民的生计”，这里我们所要讲到的民生也是这个意思。在中国，“民生”一词最开始出现在《左传·宣公十二年》，其云：“民生在勤，勤则不匮。”

1. 我国传统民生

“民生”一词的出现在我国主要指的是老百姓的生活状况，一直到20世纪20年代前后，孙中山先生赋予了“民生”一词新的含义，直接表明民生关系与国家发展，将“三民主义”作为重要内容，民生提升到了政治生活中的重要位置。孙中山先生解释民生时指出：“民生就是人民的生活——社会的生存，国民的生计，群众的生命。”充分说明了孙中山先生将民生作为国家政治生活中的主要内容。

孙中山先生指出：“民生就是政治的中心，就是经济的中心和种种历史活动的中心。”民生是社会一切活动的原动力，民生对于我国传统人民生活来说是非常重要的。

2. 广义和狭义的民生

民生有广义和狭义的理解，广义的民生意味着，民生和人民生活直接相关联或者间接相关联，体现在人民生活中的各个方面。

狭义上看民生是社会中人民的基本生活形态和基本生存样态，是人民基本发展的机会和发展能力及基本权益的保障。

不管是广义上的民生还是狭义上的民生，都充分体现了民生问题的综合并且与政治生活具有相关联的地方，同时也体现出民生的重要地位。这种广义和狭义上的民生问题，有人认为不利于直接对待民生问题，容易淡化切身、实际和具体的民生问题，这种现象使民生问题不利于具体政策和有效措施的实施。

（二）从哲学角度看待民生

从哲学角度来看待民生问题，这属于高层次角度看，在这里民生问题是政治哲学或者是政治理论问题。其中“民生哲学解决的是‘民’的生存和发展问题。‘民’的生存不仅包括实现其物质存在需要的形式，更包括实现其精神存在的内容，‘民’的存在不仅要满足其衣食住行，还要满足其精神文化的需求”。

换句话说就是民生问题在满足生活健康的前提下，更需要满足精神文化，民生问题的内容不仅仅是满足生命延续的基础，更多的是追求精神层面的追求。

1. 从哲学角度看民生问题

对于人类而言，“民生”不仅仅是简单的生存。生活和生计问题，并非是简单的生物学意义上的生命延续，那仅仅是动物的生存标准。人类更重要的是作为一个社会存在，应当具备发展、自由、公平和正义等。

由此可见，“民”表现为类存在的分子，表现为独立存在的个体，民生的内涵包含精神需要的满足和物质需要的满足，也就是说不仅要符合生存的满足，而且还要符合类本质特点的发展。

对于二者的辩证统一，缺一不可，如果缺少物质需要，便会失去存在和延续生命的基础，精神生活更是无从谈起，如果缺少精神需要，便无法将人和动物区分开来，这也就是马克思所说的“全面发展的人”和“自由的人”。因而，忽略了任何一个方面，都会严重影响到人类的生活，全面建设就是民生建设的重要保障。

2. 从西方早期哲学角度看民生问题

在西方，与民生对应的词有 welfare、wellbeing、happiness、good 等。早在古希腊时期，哲学家们对“民生”早有述及。亚里士多德指出：“国家的起源完全是出于生活的需要，但是它的继续存在却是为了实现一种善的生活。”他将善分为目的善与手段善，其中幸福就是善本身，同时他指出：“如果我们所有的活动都只有一个目的，这个目的就是那个可实行的善，如果有几个这样的目的，这些目的就是可实行的善。”“幸福不是品质，而是人的一种自身就值得欲求的、自足的实现活动。”

幸福就是能够自给自足的生活状态，对于国家来说要想实现真正文明的生活，就需要改善民生，也就是追求善的生活，由此看来善就成了政治的价值取向，这个取向的目的就是幸福，是一种合乎德行的活动，是一种高尚的和自身值得追求的欲求。

3. 民生的三个维度

（1）生存维度。最底层的维度生存维度，是人民生存的基础和前提，这是民生维度的底线，如果没有这个底线其他一切都是妄谈。人类生存的最高境界就是物质和精神，只有这两种境界统一和谐，才会使民生处于一个自由可提升的状态。

（2）生计维度。生计维度相对来说必须有生存维度作为前提条件，属于生存和生活的中间位置，是由生存过渡到幸福生活的必要途径。

（3）生活维度。生活维度表达着三种民生状况，也就是从第一维度逐渐发展，过渡到第二维度，再进行到第三维度，达到民生幸福。

“中国梦”的旨归就是民生幸福，在这个意义上，民生体现出政治集团和政府对民众生存的关心，是一种“至善”的民生追求，关注民生、重视民生、保障民生、改善民生，是我们党全心全意为人民服务宗旨的要求，是人民政府的基本职责。只有人民幸福，国家才会昌盛，民族才会强大，才意味着中华民族伟大复兴的实现。

二、“中国梦”与人民生活的理论基础

科学社会主义是马克思主义理论的核心，在此核心基础上，必然会得出民生幸福的结论。

科学社会主义的主旨就是实现人的“劳动解放”，是一种伦理所追求的“善”，或者说其本身就是一个系统的幸福理论。

按照劳动人民的幸福生活的善的思想，实现人的自由而全面发展，沿此路径考察马克思的幸福思想，最终这不仅是一种哲学所追求的境界，而且是一种政治所追求的状态，马克思主义理论本身便包含着幸福思想。

（一）马克思青年时期的思想

马克思自青年时期就围绕着人的自由、人的本质和人性全面发展的视角，构建理论，表现出人文关切的道德情怀和伦理思想。

毫无疑问，自由、人性与人的本质，是马克思主义幸福理论独特的构建，关心劳动人民群众的幸福生活，并非在于抽象地谈论而是基于现实，马克思主义幸福思想的主旨便是民生幸福。

1. 将人民生活的现实与未来统一起来

马克思将现实幸福与未来幸福统一起来，消灭不合理的制度，反对剥削与压迫带来的痛苦和灾难，他指出："我们首先应当确定一切人类生存的第一个前提，也就是一切历史的第一个前提，这个前提是：人们为了能够'创造历史'，必须能够生活。""能够生活"是人类的第一需要，是从事其他一切活动的前提与基本条件，同时也是"民"能够生存与生命延续的第一前提和基本条件。为了生活，首先就需要吃喝住穿以及其他一些东西。因此第一个历史活动就是生产满足这些需要的资料，即生产物质生活本身，而且，这是人们从几千年前直到今天单是为了维持生活就必须每日每时从事的历史活动，是一切历史的基本条件。

在现实性上给人民群众创立科学社会主义民生，是人民幸福的制度保障。这就是为什么马克思的幸福观都是一直在追求人民群众的劳动解放。

2. 人民生活的第一需要

马克思最早提出生活是民生的基本内涵。历史唯物主义认为，社会制度的不合理是阻碍幸福道路发展的原因。生活是通往民生幸福的第一步，生活是发展和实现自我的真正路径。

（二）推动马克思幸福思想的理论

马克思幸福思想发展和马克思的需要理论分别是理解人的自由发展和成功推动的重要理论。

1. 不同历史时期的需要不同

随着社会的发展和进步，对于每个时代的需求也是不一样的，包括现存的需求也不仅仅只是当下的需求，还包括未来的需求。

为了进一步认识到我们所需要的本质，“存在”我们必须将它转化为需要，即“已经得到满足的第一个需要本身、满足需要的活动和已经获得的为满足需要而用的工具又引起新的需要，而这种新的需要的产生是第一个历史活动”。

对于不同时期人们的道德目的也是根据需要的不同进行转化，这种转化是由社会存在所决定的。

2. 人的最高需要

人的最高需要，就是马克思幸福思想的核心结论，他指出：“在共产主义社会中，即在个人的独创的和自由的发展不再是一句空话的唯一的社会中，这种发展正是取决于个人间的联系，而这种联系部分地表现在经济前提中，部分地表现在一切人自由发展的必要的团结一致中，最后表现在以当时的生产力为基础的个人多种多样的活动方式中。”

通过以上的马克思主义理论，我们不难发现，这种历史唯物主义思维，是一种“至善”的发展。人的自由而全面发展是人的最高需要，即最高“善”。

（三）马克思主义理论的与时俱进

马克思主义理论的与时俱进，指导我们建立中华人民共和国，同时还指导中国特色社会主义现代化建设。只有民生幸福，国家才会繁荣昌盛，在此意义上，民生幸福就是社会主义建设的关键和重要内容，是实现中华民族伟大复兴的重要保障。

由此我们可以知道，马克思主义理论就是我们进行民生幸福建设的重要理论指导依据之一。

三、“中国梦”与人民幸福生活实现的路径

“中国梦”是“国家之梦”“人民之梦”和“民族之梦”，他们的共同目标都是民生幸福。中国共产党走中国特色社会主义发展道路，从而实现民族伟大复兴，中国就必须对未来进行科学设计和规划，民生幸福和人民幸福实现的路径就是中华民族的伟大复兴的目的和道路，这条道路对于人民幸福来说也是必经道路，通过社会、经济、文化、政治、生态五位一体的现代化建设来实现，即中国特色社会主义道路来实现。

（一）建设社会主义政治文明，实现人民政治自由与权利

社会主义现代化建设和社会主义民主的核心要旨就是发展社会主义民主政治和充分使用民主管理、选举、决策和监督等各项权利，充分体现了人民当家做主。

毛泽东同志民生这条新路就是民主，政府不能松懈，要想不松懈就要靠人来监督，人民就是监督政府最好人员和有效手段。人人负责，才不会人亡政息。这同时也是社会主义和资本主义的根本区别。

政治文明建设在“中国梦”上体现为行使各项属于人民自己的权利，广大人民群众成为权利的主宰者，其目标指向人民的幸福。唯有如此，中国特色社会主义民主政治的文明建设才称得上达到了一个历史高度。

社会主义民主否定了人的不幸福状态，让人民获得幸福，确保人民真正当家做主，意味着社会主义政治文明建设就是追求“善”的人民权利建设，人类政治文明的制度形态充分享有真实的民主权利，进而通向民生幸福的境界。

（二）推进经济建设，为高一级的幸福目标提供前提保障

经济建设的宗旨在于实现人民的幸福生活，经济建设是中国梦实现的基础与物质保障，人民群众又是财富的创造者和中华民族的复兴主体。

邓小平在社会主义本质论中反复强调“全国人民共同富裕”，历史告诉我们，人民利益成为党和政府行动的指南，人民的共同富裕才是人民利益至上的原则。国家要想繁荣昌盛，人民必须安居乐业，其中正确的经济手段是实现人民利益的重要因素，经济得到发展，社会财富才会增加，民生幸福才会有保障和基础。

只有保障人民群众的根本利益，做到权、情、利都为民，并且切实解决病、学、劳、老、住的问题，人民群众的生活质量才能提升。民生问题的解决前提条件就是物质文明，所以说物质文明的建设又是我国的一项重任，同时也是“中国梦”的基石。

（三）促进社会建设，实现人民的个体性与社会性的统一

社会是人民群众的社会，着力解决与人民群众生产生活密切相关的问题，建设富强民主文明的社会主义现代化国家，全面建设小康社会，是为了人民群众自身幸福的事业。

和谐社会的建设还需要充分调动广大人民群众的创造性、主动性和积极性，人民群众不是单个原子，人民群众是社会的细胞，是社会力量的构

成因素，由此可见，社会建设要取得进步，“他也察觉到他自身的利益与社会的繁荣息息相关，察觉到他的幸福，甚至他自身的继续存在，有赖于社会的持续存在。”社会建设是人民群众的事业。

社会建设的目标就是改善养老保险事业，满足人民衣食住行的需要，完善社会保障体系，提高公共服务水平，推进教育事业的发展，推进社会救助体系的建设，达到民富国强的目标，才能永葆社会的安定团结。

社会建设将人民群众的个体性与社会性统一，深刻地体现中国人长期不懈追求的光荣目的，保持一种和谐稳定、井然有序的生活态势，就需要我们是一个有力量的整体，为人民群众的生存安全与生活幸福打下坚实的基础。

中国人民的伟大理想和中华民族的伟大复兴，必然要求我们实现人民幸福、国家富强和民族振兴，只有这样才可称得上利益惠及人民群众，实现民生幸福。

（四）加强文化建设，达到精神幸福的境界

中国必须从传统的农业社会的自然主义文化模式和经验主义文化模式中跳出来，提升文化软实力，不断提高大众文化的水准和品位，只有这样，才能达到以高尚的精神塑造人的效果。

中国特色社会主义文化建设，就是要求我们不断提升物质文明和提升精神文明，“社会主义核心价值体系是根源于民族优秀文化和社会主义先进文化并吸收人类文明成果发展起来的，是我国社会主义文化的引领和主导”。在此意义上，中国经济的发展，必然带来文化发展，作为“中国梦”的重要内容的文化建设，文化建设的梦想蕴含着民生精神幸福。

四、“中国梦”就是人民幸福梦

幸福是永恒的话题，也是哲学、社会学的重要范畴。即使每个人对幸福都有着不同的定义，但仍值得研究。本文从“中国梦”的视域解释人民幸福的内涵，并在此基础上尝试回答如下问题：什么才是衡量人民幸福的标准？如何把国民幸福和社会环境联系在一起？如何把握难以数据化的人民幸福感和国民幸福？

（一）什么是“中国梦”，怎样理解“中国梦”

习近平同志在参观“复兴之路”展览时，第一次提出了实现中华民族伟大复兴的“中国梦”。

在2013年3月17日的十二届全国人大一次会议闭幕式上，习近平总书记在将近25分钟的讲话里，9次提及“中国梦”，并做了主题为“中国梦就是人民幸福梦”的报告，引发了公众对“中国梦”和人民幸福的热议。

每个人都有理想和追求，都有自己的梦想。大家在讨论“中国梦”的时候，其实就是在讨论自己的理想。因此，我们认为“中国梦”就是中国人民的理想。中国梦是每个中国人的梦，是人民幸福之梦，是国家富强之梦，是中华民族伟大复兴之梦。没有国家富强、民族复兴，就不可能有人民幸福；没有人民幸福，人民共享，就不可能有“大同世界”和“太平盛世”。正如习近平同志特别强调的，“实现全面建成小康社会、建成富强民主文明和谐的社会主义现代化国家的奋斗目标，实现中华民族伟大复兴的中国梦，就是要实现国家富强、民族振兴、人民幸福”。

“中国梦”不是乌托邦的空想，它不仅仅是理想、是目标，也是现实。“中国梦”最大的理论维度，就在于提出每个中国人的理性自我认识的尺度，只有正确的自我认识，方可有正确的自我实现道路选择。实现“中国梦”，就是实现每个中国人的理想，每个中国人的自我实现。“中国梦”的实现不是纸上谈兵，更不是白日说梦，也不是豪言壮语，而是一种要求每个中国人民付出努力的实践活动。任何人的理想的实现，不是靠宗教的祈祷更不是靠苦思冥想，而是建立在伟大实践的基础上。这就要求我们每个中国人有担当，加入到实现自己理想的行动中来。邓小平同志曾讲过，不干，半点马克思主义都没有。同样道理，不干，中华民族伟大复兴也只能停留在梦中。空谈误国，实干兴邦。只有行动第一、实干第一，才能为“中国梦”的最终实现打下坚实基础、提供根本保障。

（二）幸福的含义、人民幸福和幸福感

幸福是个含混的概念，其过于美丽，于是人们喜欢滥用这个概念，而且不分场合，无论是浮华的、轻浮的、认真的和严肃的场合，以至于幸福被混同于快乐、利益、福利和完美生活之类。

幸福也会因人而异，在某些人看来，一场电影加一桶爆米花就是幸福；而对另一些人来说，这简直是浪费时间和钱财。

因此，幸福体现的是一种主观感受，好像无法找到客观标准。虽然幸福概念看起来说不清道不明，但人们不可能不知道什么是幸福，尽管这种知道不一定是理解，而更多的是体会，这些并没有妨碍我们对幸福概念的使用和理解。

（三）“中国梦”背景下的人民幸福

把幸福的含义放到“中国梦”的背景中来理解，我们认为有以下几层含义。

1. 幸福是属人的

幸福是属人的，在“中国梦”的背景下，幸福就是人民的幸福。而人民幸福必须以民生为基础。

通常来说，人们选择在一个地方安居，不外乎基于教育环境、健康以及人均收入与个人发展的有关因素的考虑。当人们对衣、食、住、行的基本需求都得不到满足时，他们不可能幸福。如果没有民生的改善，意味着我们还没有完成通过人的生存条件的改善而成为人。

2. 幸福不局限于民生

幸福虽然以民生为基础，但是含义并不局限于民生。现在的问题是物质条件作为衡量幸福的标准已经被人滥用，除了心理学家外很少有一个标准从人的精神层面上来衡量幸福，这里强调的人民幸福感，精神满足是一个重要指标。“中国梦”背景下的幸福，更关注物质怎样转化为人的幸福。

3. 中国人民的共同追求

人民幸福是中国人民的共同追求。如果我们把人民幸福设定为一种社会公共福利，而不是个人追求的话，国民幸福也是一句空话。

社会虽然提供了完善的公共服务，比如教育、医疗、良好的经济基础、公平的就业环境和有序公正的竞争机制等，但如何把这些福利转化为个人的幸福则完全取决于人自己，取决于个人的努力，而我们的努力往往依靠整体社会生活背景。

其实每个人的生活和幸福都是以人类整体生活为背景的，这个整体生活背景包括人类的各种共同事业和各种集体事业，在很大程度上每个人的幸福或者生活上的细节是因为人类整体生活背景有意义而变得有意义的，如果没有这种比每个人更重要的整体生活背景，那么每个人的幸福马上变得非常单薄、琐碎、卑微、不值一提。

4. 人民幸福作为中心

“中国梦”背景下的幸福是一种从以生产为中心到以国民幸福为中心的幸福。“中国梦”把人民幸福作为中心，因为生产统计数据所包含的信息已经与百姓幸福所必需的东西二者之间的差距看上去越来越远，我们的政府正在改变统计体系，采用以人的幸福为中心的标准。

人民幸福随着经济的增长，涉及的方面已经不单是收入等经济方面，更主要的是非经济收入和人民所处的生活环境等，比如我们所处环境的感受、通过经济和环境我们可以做什么，做过什么等。中国共产党的十八大确定的五位一体总体布局，体现了国民幸福中对人的生存环境的重视。这些层面的幸福能否长时间存在，取决于影响自然、身体、人和社会生活的资本可否留给子孙后代。

第三节　“中国梦”对当代大学生思想政治教育的引导

高等教育的大众化、普及化对教育发达地区的大学生思想政治教育工作提出了新要求。面对实际问题，大学生应当在“中国梦”旗帜引领下，分析自身学校特点，讲究方法、寻求特色，不断探索、努力创新，形成以思想政治理论课选修课、学生课外参观、参与社会公益活动三个方面为主要载体的第二课堂教育体系，努力提高学生理论水平和实践能力，促进学生将个人理想与“中国梦”有机结合，成为社会主义建设的生力军。

一、新要求和新挑战引导“中国梦”与大学生思想政治教育

高等教育的大众化、普及化是世界高等教育发展的大趋势。高等教育大众化作为高等教育发展的一个阶段自 20 世纪 70 年代初由美国社会学家马丁·特罗首先提出后得到了国际社会的普遍认可。以高等教育毛入学率为指标，可以将高等教育发展历程分为“精英、大众和普及”三个阶段。他认为高等教育毛入学率 15％以下时属于精英教育阶段，15％—50％时为高等教育大众化阶段，50％以上为高等教育普及化阶段。2012 年我国高等教育毛入学率达到 26.9％。2012 年 8 月，教育部党组成员顾海良表示：“中国高等教育计划在《国家中长期教育改革和发展规划纲要（2010—2020 年）》实施完成的 2020 年时毛入学率达到 40％。2003 年，首都高等教育毛入学率达到 52％，比 2002 年增加 3％，这标志着首都高等教育实现了历史性的新突破，在全国率先从大众化阶段进入普及化阶段。如何在高教普及化阶段做好思想政治教育工作是一道有现实意义的

命题。”

当代大学生作为新一代年轻人中有知识的一个特殊社会群体，在社会中有着举足轻重的地位。对大学生开展思想政治教育、培养其公益精神和无私奉献服务社会的意识是提高整个社会道德水平的重要组成部分。当前，在许多“985”“211”高校以及一类本科大学，大学生思想政治教育已经形成自身特色。

2012 年 11 月 29 日，习近平总书记在参观“复兴之路”展览时首次提出“中国梦”：“实现中华民族伟大复兴，就是中华民族近代以来最伟大的梦想。”此后习近平总书记多次发表讲话阐释“中国梦”。当代大学生是未来中国的建设者，在高等教育的大众化、普及化背景下，大学生需要在思想政治理论课必修课教学之外，通过开设公共选修课、组织学生第二课堂活动等形式，提高学生的理论水平和社会责任感，促进学生将个人理想与“中国梦”有机结合，以期更好地实现思想政治教育目标。

二、思想政治教育课是开展“中国梦”教育的引导者

教育部于 2011 年 1 月 19 日发布的《高等学校思想政治理论课建设标准（暂行）》规定中明确指出：“马克思主义理论学科不办本科专业、不招收本科生（思想政治教育专业除外）。”大学生的思想政治理论课教学部门大多不具备研究生教育资格，导致大学生思想政治理论课教学部门教师大多忙于教学，关注教学以外的活动较少。

在当前的社会背景下，许多大学生校名多冠以“学院”，许多院校急于通过“更名”方式使自己成为“大学”。于是，就会出现按照现行大学指标向学校的二级单位加码的现象，而指标所对应的往往是科研成果指标、科研经费指标、教材出版数等教学科研成果指标，这就很容易造成大学生思想政治理论课教学部门与学校小环境中的核心工作关系不大，进而造成教师以不出问题为重点，科研上不敢突破；在教学上，由于学生的接受能力相对其他较高层面学生有所差距，教学学时压力又非常突出，为了解决这些问题，部分学校不得不压缩教学内容。例如，在一部分二本院校“马克思主义基本原理概论”课已经因上述原因被迫变成只讲哲学原理，不讲政治经济学的“马克思主义哲学原理”课。学生不能系统、全面地掌握马克思主义基本原理，一定程度上也影响到了学生理论水平的提升。

同时，我国高校目前的教师队伍是以本校学生留校为主，二类本科院校（尤其是目前以学院命名的院校）由于历史上的原因，一般规模较小，专业设置也较少，这一现象也经常导致学生留校（主要是做学生工作）过

程中出现近亲繁殖现象。一线学生工作者马克思主义基本原理掌握得不系统、不全面所产生的负面影响也会在学生工作中放大。

三、实践体系是大学生开展“中国梦”教育的辅助手段

习近平总书记在给北京大学学生的回信中写道：中国梦是国家的梦、民族的梦，也是包括广大青年在内的每个中国人的梦。“得其大者可以兼其小。”只有把人生理想融入国家和民族的事业中，才能最终成就一番事业。

（一）组织学生课外活动，丰富思想政治教育手段

面对二类本科院校学生存在的不喜欢阅读深奥理论著作的现实，在开设本科生思想政治理论选修课“北京的近代史遗迹漫谈”的基础上，采取组织学生参观北京近代史遗迹展览等形式引导学生理解“中国梦”。在一年多的时间里，学生们先后参观了“复兴之路”“五四新文化运动纪念馆”“中国人民抗日战争纪念馆”“焦庄户地道战遗址”等多处红色遗迹。通过参观以及组织学生座谈等形式，引导学生畅谈“中国梦”，许多同学都表示只有个人和国家命运紧密结合，才能够融入时代发展的洪流之中，才能够实现个人价值，有所作为。

通过参观活动，学生参与社会活动的积极性有明显提高。在与学生交流过程中，笔者发现学生认为二类本科院校参与社会实践的机会较少，希望能够获得更多锻炼的机会，提升自身的综合能力。

（二）构建学生素质提升平台

大学生不关心国家大事的背后原因之一是其面临的各种压力，此类高校设置的专业，实力强的本科院校均有开设，而且师资力量强、学生入学分数高；未来同类专业竞争上存在着差距。加之学校对学生非专业素质重视不够，使其面对未来竞争时存在恐惧感，部分学生产生厌学、混日子心态。

要解决此问题，就要向学生传递要实现“中国梦”与“我的梦”有机结合，就需要提高自身素质，在本专业知识学习结果不利局面无法改变的情况下，应当关注个人的非专业素质提升，争取弥补不足，提高未来就业的竞争力，实现自身理想，从而成为实现“中国梦”的参与者。

笔者认为，适应现代社会的人才的非专业能力主要有思维能力、书面表达能力和口头表达能力。在此基础之上，加上良好的心态，就形成了现代人才非专业能力体系。

第七章　大学生思想政治教育在新媒体时代的突破

随着社会经济的快速发展，我国迎来了新媒体时代，同时在社会经济和政治及文化生活等方方面面都得到全面发展。新媒体已经成为信息咨询、信息购买、信息搜索和信息传递的重要工具，甚至是数据挖掘的重要操作工具。

计算机和互联网的出现，使得科学技术有了史无前例的进步，远距离移动通信设备和数字电视技术的广泛应用，都是新媒体出现带来的影响，新媒体逐渐形成一个群组形式，并不断地影响着人类社会，从以前的文字传递和图片传送，到现在的视频和音频的传播，从以前的点对面的传播，到现在的点对点、点对多和多对点的传播。

新媒体的出现对当前的大学生的语言特点、心理意识和行为方式等方面都产生了重要影响。

新媒体时代的到来使得我们的大学生政治思想教育工作进入一个史无前例的时代，可以毫不夸张地说，我国文化的多元化和价值判断标准的多元化都是新媒体时代带来的效果，我们同样也正面临着一些无法捉摸的新问题。本章内容主要是针对大学生新媒体素养的突破和思想政治教育工作者的新媒体突破进行简要概述，同时对高校教育部门在新媒体时代的应变和我国对大学生新媒体时代的思想政治教育工作未来展望进行叙述。

第一节　大学生新媒体素养的突破

新媒体时代对大学生新媒体素养的突破本身就是当下时代提出的语境教育要求。

对于媒体的创造和生产能力、评估能力、思辨的反应能力、质疑能力、选择能力以及理解能力，是人们在面对媒体各种信息时所体现出来的媒体素养，这是1992年美国媒体素养研究中心给媒体素养下的定义。美国新媒介联合会曾给新媒介素养下过一个定义，就是“由听觉、视觉及数字素养相互重叠共同构成的一整套能力与技巧，包括对视觉、听觉力量的理解能力，对这种力量的识别与使用能力对数字媒介的控制与转换能力，对数字内容的普遍性传播能力以及轻易对数字内容进行再加工的能力”。

随着时代的发展，社会的进步，新媒介环境已经深入到每个大学生和普通人的生活中，在新媒介环境下，媒介素养是评估媒体、创造媒体的能力，使用媒体、分析媒体的能力，甚至是公众对于不同形式媒体的获取方式和解释理念。

对传媒的批判能力、是否能够充分利用媒介资源完善自我、是否可以正确地理解大众传播资源的能力、利用媒介资源的动机和有效程度、是否能够充分利用媒介参与社会进步、使用媒介资源的方式与态度、利用媒介资源享用大众传播资源的能力、是否可以正确理解媒介资源建设性等都是媒体素养对现阶段大学生在新媒介环境下的媒体素养评价标准。

新媒体必将突破传统媒体传播，以全新的姿态和格式展示新的传播时空天地，形成一种时空性的垄断，新的传播艺术和形式同时也在丰富当代的媒体传播时空，这样有利于加深优秀内容的传播，可以获得良好的传播效果。

由于新媒体具有互动、自由、主动、方便、即时等优点，根据唯物辩证法，我们可以知道任何事物都可一分为二、一分为多，随着时代的进步，随之而来混沌与失控也成为新媒体在大学生思想政治教育管理中的难点，新媒体同样可以将大学生思想政治教育管理一分为二、一分为多，来进行大学生思想政治教育管理。

在大学校园内新媒体的传播素养的养成，对于建立新媒体的使用规则和规范使用者共同体的行为，包括媒体的传播者和接受者，都是大学生新媒体素养的突破，素养的养成也是新媒体使用者共同体内素质的重要组成内容，只有外在的公共规范（包括法律）与内在的素养修炼的共同作用，才能使新媒体传播途径及其传播内容的文明与进步得以实现。

对于媒体素养的教育，我国相比发达国家来说还是比较落后的，英国、德国和美国等发达国家，从 20 世纪末就已经开始媒体素养的教育。我国的媒介素养也是近几年才被重视起来，由于起步比较晚，所以媒介素养方面有很大提升空间。

由于目前媒介素养基础教育的缺失，因此我国的大学生媒介素养一直处于自发的状态。随着时代进步和社会的快速发展，新媒体对大学生造成了越来越严重的影响，当今形势下，对大学生媒体素养教育的开展迫在眉睫。对于信息时代的社会精英大学生，除了做到自觉抵御媒介的不良影响之外，应当提出更高层次的媒体素养要求。

以辩证的媒介批判意识对信息进行精准的判断，掌握从纷繁复杂的信息环境中准确地找到有效信息的能力，学会保护自身信息安全，有效地利用媒介。正确引导网络舆论走向，意识到自己的主体性，扬长避短，最大限度地发挥新媒体的作用。

媒介构建了我们对世界的认知，应当积极参与公共讨论，看到新媒体对社会进步的巨大推动作用，培养公民意识，同时具有媒介素养的大学生应该避免工具理性的陷阱。

一、新媒体知识教育的突破

需要受众用心体会的信息内涵、价值取向等潜在信息和色彩、图像等直观信息是新媒体信息所具有的双层结构。知晓如何从新媒体上获取所需的信息和正确认识新媒体是目前大学生需要做的准备。

新媒体技术随着科技革命的快速发展推陈出新，对于新媒体的知识教育和了解背后的信息度基于信息价值取向具有十分重要的意义，对于大学生思想政治教育和新媒体的特点，大学生应该准确地把握新媒体用途、性质和类型的动向，通过新媒体传播实现大学生自身素质的提升，从纷繁复杂的新媒体中获取真实有效的信息。

思想政治教育的内容，表面看起来内容广泛，实际上“是根据一定的社会要求和受教育者的思想实际，经教育者选择设计后有目的、有步骤地传播给受教育者的思想意识、价值观念和道德规范等”。内容具有一定的系统性、理论性与完整性，各要素之间是相互贯通、有机整合、彼此衔接的整体。新媒体时代成长起来的青少年已经“不再用一种线性的、一页页、一行行、一本本的方式，而是以直觉的、联想的方法将信息链接起来。超文本培育了一种由直觉和联想的跳跃所激励的学问”。这种非线性的阅读方式，启发的思考偏向于直觉与想象，信息之间的联系较为松散。这种方式不利于传统文本阅读中建立起来的思想深刻性、丰富性和条理性的发展，目前我国思想政治教育工作者应引起如何处理教育内容的系统性、理论性与受教育者思维方式的少连贯、重直觉之间的矛盾的思考。

新媒体素养现已成为大学生必备的基本素质，如将其设置为必修课、选修课、限选课或其他课程类型，同时还应该从新媒体技术入手，学校作为对学生进行系统知识传播的专门场所，对学生开展主题教育，按照一定的道德规范对大学生进行道德、价值引导。

结合新媒体发展状况，大学生新媒体知识教育必然要被纳入高等教育的范畴之中，形成较完善的课程体系，以教师的循循善诱为先，灵活选择合适的关于新媒体能力的课程培养模式，专门组织一支了解新媒体技术发展动态、具有较强新媒体使用能力的教师队伍，运用教师的博文、班级的贴吧、手机报等，使学生能够在新媒体提供的教育平台中提升自我素养。

二、新媒体价值观教育的突破

新媒体对大学生思想引领工作是把双刃剑，大学生接触到的信息是多源的、低可信度的、庞杂多样的，一部分的虚假、“三俗”（庸俗、低俗、媚俗）信息污染了新媒体传播，对于新媒体信息传播价值取向的判断和把握是大学生新媒体素养的核心。

鉴于新媒体所发布的内容本身具有的灵活特征、开放特征以及多元化的传播途径、复杂化的传播内容，它们会分化销蚀传统的社会信仰体系。在失去中心的网络里，信息的“无中心化”会消解传统权威。在交流沟通中的互动特征、虚拟特征等性质，都是新媒体和传统媒体的不同之处。

因为新媒体本身所具有的虚拟特性使得新媒体形成的虚拟世界无视规则、无法监管。“教师”一方的知识权威性渐渐动摇，进一步增加了对新媒体信息价值分析判定的难度，个人成为话语主体，个体意识被激活进而膨胀，这把双刃剑更显锋利。

长此以往，培养大学生解读和分析信息的能力作为新媒体价值教育的重中之重，部分大学生沉浸在游戏的虚拟世界里寻找空虚的自我，被色情和暴力影片荼毒，统一稳定的价值观念有可能遭到质疑，追求个人绝对自由的现象产生，正统的价值体系受到冲击，思想政治理论教育的价值导向作用也会受到削弱，逐渐导致新媒体传播内容的虚假泛滥，价值体系的“无核化”倾向出现，新媒体的传播内容和传播环境因此受到了严重污染。

新媒体的流行，对于涉世未深的大学生有时有着消极影响。个人主义的价值取向凸显，渐渐地成了新媒体带来的“大弊端”，这些问题对正热衷于新媒体的大学生来说，污染的不仅仅是新媒体本身。

面对纷繁复杂和良莠不齐的新媒体信息环境时，能对信息所隐含的价值取向做出明确的剖析，是培养大学生新媒体素养需要同步进行的环节。

三、新媒体能力教育的突破

在新媒体媒介中，传播模式是双向互动性的，每一个人可能是传者又是受者，而传统媒体的传播模式是单向性的。

当代大学生素质的重要组成部分就是大学生如何利用新媒体表达观点、参与交流、传播思想等，由于信息平台的开放性和互动性使得传受双方的界限变得模糊。每一位大学生都可以成为新媒体信息的传播者，提升其在新媒体环境中的地位与作用，特别是大学生对新媒体信息进行获取、加工、处理后，利用自身对新媒体技能参与新媒体传播，能够使其成为真正的新媒体主人，为将来在社会生活中正确认识和利用新媒体奠定基础。同时，政府的力量也不容忽视，创立专门的机构和培养专业的人才，了解我国的优秀文化，做好引导工作尤为重要。

在监管手段的使用上，只有在技术和心理各个层面上做好工作，将这种文化一代代传承下去，才能利用好新媒体平台，掌握好新媒体中各种先进技术，使思想政治教育工作者善于利用新媒体平台让学生更好地接受思想政治教育，最终为思想政治教育服务，加强新媒体的监管体系建设，不断推进思想政治教育的创新。

四、新媒体伦理教育

在现在的社会程度下，新媒体具有较多的优势，因此，思想政治教育工作者面对自己的影响力在发生变化的时候，应该保持一种积极向上的态度，在这个过程中要正确地对待，并不断进行观念更新。

新媒体的进程已经超越了媒体“魔鬼论”阶段，使得人们接受各种信息变得更加快捷、多元和全面，新媒体的接收对象已经不再和以前一样是目标物，对待事物的态度也更加鲜明。特别是新媒体功能的开创性体验，让大学生的自我主体观念在新媒体的发展中得到深入理解，所有大学生都可以成为信息发布的来源，培养大学生的新媒体素养和媒体道德素养，用新媒体传递信息，需要与数字媒体技术相匹配的新媒体道德伦理体系。

因为手中的低俗内容，媒体素养会受到限制，长此以往，低俗媒体衍生的也只会是低俗受众，就会形成“马太效应”。这样一种循环必定会对整个新媒体的成长造成负面影响。在新媒体时代，培养大学生正面积极的思想观念、高尚的审美情操，需要净化整个媒介环境，传递正能量，最终逐渐培养大学生优秀的媒介素养和道德观念，提升其内在修为。

新媒体时代，每个人都可以在虚拟的网络上相对地隐瞒自己的身份，这种身份隐匿性，在一定程度上失去了应有的约束力，使现实生活中本该遵守的规范，得不到很好的约束，这时候，必要的现代伦理教育就显得十分重要。

传统的社会伦理教育有必要进行变革，具体而言，可以利用新媒体的整合平台，开展网上心理服务，帮助青少年疏解心理、情感问题，开设网上心理关爱咨询热线，进行对话辅导，可以利用多种方式进行这方面工作；减低对网络社会的依赖，对青少年尤其是大学生进行必要的关爱和心理抚慰，一定程度解决由过度依赖网络产生的伦理道德问题；通过类似“百家讲坛”的方式，面向社会大众举办各色座谈会，传授关于世界观、人生观、价值观的课程，使网络传媒伦理道德深入人心；培养网民的道德责任心，通过网络道德教育课程的开设来进行网络思想教育，网络广播可以使国民的整体网络伦理道德水准得到提升。

从以上内容我们可以看出，网络发展要达到受众乐于接受教育、信服教育内容，从内容到形式都要跟上时代发展，从而达到使伦理教育取得实效。

积极地利用网络资源的各种优势开展思想政治教育教学工作，同时，坚决抵制网上的恶意炒作、流言等不良信息，在重视思想政治理论教育的同时，网络伦理道德建设不容忽视，引导人们树立正确的网络道德观念，使受教者接受更多的正面影响。自觉地遵守社会道德伦理，在利用网络优势的同时，要坚持不懈，注意避免各种弊端，避免网络的无序化、随意性等。

第二节　思想政治教育工作者应利用好新媒体

习近平同志在全国政法工作电视电话会议中指出：“要以能力建设为重点，着力提升做好新形势下群众工作能力，着力提升维护社会公平正义能力，着力提升新媒体时代社会沟通能力，着力提升科技信息化应用能力，着力提升政法队伍拒腐防变能力。”为高校思想政治教育工作者在新媒体环境下如何做好思想政治教育工作指明了方向。

中央对加强互联网的建设、运用、管理提出了明确的要求，其中，着力提升新媒体时代社会沟通能力成为对干部队伍的一种要求。

一、思想政治教育工作者对新媒体的认知

只有充分意识到新媒体在大学生思想观念、价值体系形成上起着的重要作用，高速发展的互联网，才能深刻改变网民个人的生活形态，在这种背景下，才能在遇到大学生思想政治教育的新情况时，对这些问题进行深入思考和认真研究，并持续推动着当前我国社会中各种社会群体结构、性质与特征的演变，研究怎样通过新媒体来改变传统教育的思想、方式、内涵、路径，以此来达到提升思想政治教育效果，最终对整个社会结构产生深远影响。

（一）新媒体的开放性利于搭建教育新平台

新媒体庞大的网络体系的形成，依托于三大技术，即数字技术、计算机网络技术和移动通信技术的发展。[1] 这样的网络体系，信息存储量大、资源全面化、互动性强、传播速度快、覆盖率大。在传统传播技术的基础上，新媒体就是全方位的革新。借助于新媒体的大学生思想政治教育，可以收获各种各样的资源，吸收前人的好成果，以此取精去糟，继往开来传承；也可以借由新媒体传递正能量——正确的思想导向、理论决策，并且不用被一些烦琐程序所限制，不管在教育过程还是在其他场合，都让思想政治教育发生了前所未有的改善，使得大学生思想教育能够从质上发生改变。

新媒体使得思想政治教育更具有活力和共鸣性。其丰富的思想教育素材、有趣的教育环境、灵活的教育课堂，使得陈旧的教育内容得到革新，更加吸引学生，更能使学生得到共鸣。不同程度的受教育者，在以新媒体为媒介的思想政治教育中，能够同时选择网络上的文章、图片等教育内容，因此能够接收到各种教育形式和内容。这样，就加大了思想政治教育的力度。

（二）新媒体的快捷性利于创新教育新手段

长期以来，高校进行大学生思想政治教育的基本手段主要包括课堂教学、辅助讲座、座谈会、面对面沟通、实践活动等。现在，新媒体的出现也使得思想政治教育的方式能够得到创新。通过贴吧、博文、手机报等方式，思想政治教育的载体得到了更新，也形成了思想政治教育无处不在的局面和优势。网络具有信息内容具体、活泼，传播迅捷，容易与学生引起共鸣的优势，能够从大学生所需要的爱国教育、团队教育、社会主义教育等方面，以宣传、沟通、探讨、一对一交流等方式对大学生进行思想政治教育，以此使学生的政治素养得到提升，增强道德观念，帮助他们修整价值观念、思想观念。

新媒体能够更为方便和快捷地发布具个性化的信息，在最短的时间，通过文字、语言、图片及其他相互沟通的方法，使受教育者更快地理解教育的内容，这样对思想教育的深入化更有好处。

借由新媒体，大学生可以通过手机、电脑等平台接受知识，这种方式一定程度上可以替代传统的课堂教育和课堂教学。更值得称道的就是，这

[1] 陈志勇. 新媒体时代的大学生思想政治教育［M］. 北京：中国文史出出版社，2014.

种教育方式以其具有的政治教育信息迅捷的传播效率受到了一致好评。

（三）新媒体平等性利于构建教育新互动

网络新媒体让不同水平和基础的受教育者有了更大的选择空间，层次各异的文章和图文并茂的资料成为多元选择的前提。受教育者可以在愉悦的氛围中自主选择信息，自由浏览信息，在主动的探索和寻求新的视觉听觉内容的过程中，使得思想政治教育的效果在潜移默化中不断提升，让受教育者由消极被动接受转变为积极主动的参与和互动交流，实现信息传播的双向互动，也增强大学生在思想政治教育过程中的自觉参与意识。而思想政治教育者与学生之间的信任感，一直是影响和制约大学生思想政治教育效果和质量的关键。当前高校学生思想状况复杂，尤其是大学生个性鲜明、性格独立，一般不愿意和辅导员老师讲真话、说实情，尤其是对于思想政治教育老师先入为主形成一种说教、刻板和喋喋不休的印象，更存在着反感和排斥的心理。正是由于人的思想存在隐蔽性，自然而然地成了大学生思想政治教育过程中的情感教育障碍。然而，新媒体的出现则可以让思想政治教育借助虚拟传播手段进行双向互动交流，通过新颖的形式吸引学生的好奇心，通过虚拟的网络身份消除心理戒备和隔阂，增强大学生思想政治教育主体与主导者之间的信任，达到良好的教学效果。

（四）新媒体虚拟性利于提高教育新实效

新媒体传播技术打破了真实世界和虚拟世界的界限，从根本上改变了人的社交方式，交往中个人的相貌、职业、种族、年龄、身份、性别等一些重要的社会特征被刻意弱化，通过网络社区强化了虚拟角色，构造了虚拟社交环境，使得人与人之间的交往减少了心理戒备，在一定程度上使教育者和受教育者之间减少了不必要的麻烦，缩短了人与人之间交往的心理距离，在一定程度上可以减轻人们的心理负担。只通过虚拟和匿名的符号沟通能够给学生积极的心理暗示，认为可以将内心的烦恼和苦闷向值得信任的人诉说，教育双方已经不再是面对面进行教育了，而是可以通过论坛网络和短信等各种形式，进行真实的心态交流，真实并现实地表达自己的观点和态度，畅所欲言。

随着社会的进步和时代的快速发展，使我国很快进入互联网时代和新媒体时代，在这样一个环境下，我们可以通过电子邮件和手机网络等方式进行工作，虚拟技术的使用使大学不再被动地等待，不再像过去需要为一件事东奔西走，而是只需要通过网络发送一封邮件或者通过 QQ 上进行精确简洁的交流又或者是通过手机发个短信、打个电话交代一下工作流程就可以解决，这种工作形式摆脱了实践的限制和空间的限制，解决了教师和学生之间的时空错位，简化了教育过程，方便了教师和学生之间的交流，同时教师和学生之间交流变得更加快捷和及时。

随着大学的开放程度越来越高，高新技术的日新月异发展，高校和整个社会之间的联系也越来越密切，这为高校的发展创造了机会，让大学生不再是等待，而是主动出击，寻求机遇和挑战。

二、思想政治教育工作者对新媒体的创新运用

创新青年思想政治教育工作，从根本上说在于准确把握和遵循青年思想政治教育的内在规律。新媒体技术发展如日中天，只有主动学习、掌握新媒体知识，才能够不断创新和拓展青年思想政治教育工作的渠道和空间，借鉴传统思想道德教育的优势，[1] 整合多种新媒体资源服务于教育现代化，探索出新的教育模式、教育内容、教育方法和教育手段，使得原本枯燥无味的思想教育变得生动有趣。

（一）利用新媒体平台促进青年精神成长

新媒体突破了时空限制，单一的、传统的教育时空在电子技术手段的辅助下得到延展，并通过各种新媒介随时随地向大学生传播全人类优秀文化成果、价值观与行为规范，使青年可以从一个更为开放、多元的社会环境中汲取知识，发展和形成自己的个性，提高社会适应能力。高校思想政治教育工作者既可以借助新媒体，获取大量、丰富的资源，去粗取精，吸纳其中优秀成果进行继承与创新。同时，新媒体还克服了传统媒介体制的限制，简化了烦琐的程序，因而能够更加大规模地、主动地、快速地传播正确的思想、理论与政策，为高校学生思想政治教育提供了更为宏观的理论与实践平台，使正能量思想可以不受时空阻隔，迅速、高效且广泛传播。

毋庸置疑，传统课堂教学模式需要引入跨界思维，力求做到丰富学习资源，完善内容设计，充分发挥新媒体的作用。在教学内容方面，弱化传统的课堂教学中理论灌输的方式，更多地采取声音、影像和图片结合的启发式教学。在教学方法和手段上，通过多媒体技术吸引学生注意力，使原本枯燥、晦涩的思想政治理论变得更加生动活泼、富有新意。在学习资源方面，要注意区分层次，有的放矢、因材施教：第一个层面是教学大纲的

[1] 艾四林. 中国梦与大学生思想政治教育［M］. 北京：中国文史出版社，2014.

核心内容，即高校开设的“马克思主义基本原理概论”“毛泽东思想和中国特色社会主义理论概论”“思想道德修养与法律基础”等思想政治理论课程；第二个层面则是与核心课程有关的背景介绍和述评，如参考文献、典例分析和相关的音视频多媒体资料等；第三层面则是教师自身能力的展现，即对核心内容进行延伸和扩展，通过评述和分享的方式拓宽学生的视野，提高教学互动性。例如，在讲述资本主义国家政治制度形成过程的同时，可以大量收集纪录片、历史照片和相关的名师讲座，真正让学生了解事件的前因后果、来龙去脉，并通过教师的讲解和剖析，让学生分辨善恶、对错和美丑，树立起科学的世界观、人生观、价值观和道德观；在人才培养模式方面，也需要根据该专业的人才培养目标与方案制定人才培养计划，依照专业课程设置实施教学计划，使新媒体在教学资源的跨界融合中充分发挥作用。

特别要说明的是，在新媒体环境下，高校文化建设要将新媒体文化建设纳入其总体格局中，实现高校思想政治教育与新媒体价值影响的资源整合，使得校园文化更为青春洋溢，同时营造轻松活泼的学术氛围。高校可以通过主办学术讲座、体育竞技、演讲辩论等主题文化活动丰富校园文化建设的内涵，同时增设校园论坛文化、手机文化、微博文化等新内容，让传统媒体和新媒体相辅相成，协调发展，让过去纵贯式发展演变为立体式、多层次、全方位的校园文化网络，强化师生的心理认同，令其归属感和自豪感不断增强，培养健全人格，使高校思想政治教育教学尽可能达到预期的效果。

（二）为青年道德践行提供广阔空间

通过平台的拓宽、渠道的增加，学生更容易吐露心声、畅所欲言，开创新的思想政治教育模式，从中了解学生的思想状况，让思想政治教育工作者有更广阔的空间与大学生及受众群体深入开展交流与讨论。

掌握学生思想动态，适当调整手机网络、视频网络、飞信群组、互联网络、QQ群组的板块结构、内容和管理经营方式，目前多数高校的QQ群组、BBS网站、飞信群组的信息内容、交流平台和版面结构建设得都很好，但社会网站商业化印迹突出，为了培养他们正确的上网动机，可适度优化和调整，树立高尚的网络人格，实现思想道德水平的提升。

高校可开展思想政治教育内容创新活动，深入他们的内心世界，网上环境宽松而自由，高校思想政治教育工作者发挥正确的判断与引导作用，需要时常刷新校园网络，深入了解学生的真实情况，进行有的放矢的针对性教育。

借助思想政治教育工作者和网络写手的智慧，引导大学生健康成长、提升思想道德水平，创新思想政治教育模式，有助于推动经济建设与发展。

将流行文化与思想政治教育工作融合，抢占青年思想阵地，开展新媒体时代思想政治教育工作的新文化潮流，带动受众群体的思想道德水平。

通过编写吸引读者的思想政治教育信息和创作文章，不定期地拍摄具有教育意义的影片、公益宣传片和讲座等，提升全民思想道德水平。

（三）随时为思想政治教育工作掌舵

高校应具备引导大学生学习新媒体拓展的功能，同时要有节选地控制信息的内容，新媒体是开放的，网络等新媒体的知识信息和学习平台越来越丰富，媒体之间人际交往的不可预控性、信息传播方式的不确定性、信息内容的不确定性等都是新媒体开展思想政治教育存在的风险，对于新媒体的不确定性，我们应该做到需要禁止的必须禁止，需要舍弃的必须舍弃，需要保留的必须保留，需要宣传的必须宣传，高校可以成立新媒体运营监控中心，随时随地关注信息内容、关注学生思想动态，尝试建立网络调查数据库和数据模型，注重细节的管理。

避免不良信息的传播和蔓延，受众群体集体监控、通过技术处理和专业人员人工监控等多渠道方式全面监控。做到早发现、早解决。

介绍和引导大学生借助新媒体拓展专业知识面，以就业为导向目标要求学生不能过分依赖搜索的现成信息，培养独立思考、独立解决就业领域的就业需求，建立较为完善的知识体系，根据本专业的情况及时调整个人知识体系，利用新媒体关注行业发展动态，形成个人的独到见解，增强职业素养，真正独立完成作业，提升学生的专业素养。

（四）全面为思想政治教育保驾护航

互联网的迅速发展已经形成了战争，对于这场战争，我们要理性地还击，通过网络来治理网络，建设专门吸引青年的网站吸引他们的关注，才能为我国大学生思想政治教育全面保驾护航。

对于互联网的发展我国的保护措施一直没有停止，但是国内外的敌对势力总是通过各种方法和方式，进行挑战和争夺我国的群众、青年。校园网络文化、手机文化都应该紧密配合新媒体文化建设，将文化建设纳入校园文化建设的总体格局。形成学校校园文化建设，在传授知识的同时教学成长，学校素质教育纳入新媒体素养教育，为新媒体发展建设有力通道，通过各种各样的形式进行新媒体发展，比如组织新媒体知识讲座和开设选修课等；青年德育之间的资源整合，寻求校企合作，新媒体融入到校园主题活动中，在新媒体环境的影响和冲击下，可以主动与新媒体企业洽谈，寻求思想道德教育与新媒体价值契合点，最终，借由新媒体传播健康文化。

在新媒体高速发展的时代，大学生思想政治教育工作也在平稳地向前推进，新媒体具有方便易用、形象生动的独特优势，支持新媒体产业的发展，凭借新技术吸引年轻人自动学习，有益于提高国民素质，有益于社会健康教育，高校要提升青年的自主创造能力，主动改变传统思想道德教育中重理论灌输的被动局面，教学用时尚、新鲜的学习方法和新形式激发青年的学习热情，开发青年的创造潜力。

同时，新媒体具有开放性、隐匿性和虚拟性等特点，政府已经在时刻关注它的发展态势。在此基础上，大学生思想政治教育工作同样受到政府社会的关注，紧紧掌控其发展方向，给予适当政策的支持，奖励思想政治教育工作者通过新媒体做出的突出贡献。

谨慎对待新媒体这一思想政治教育载体，趋利避害，降低其负面影响。避免媒介行为和道德行为失去模范作用，避免为人利用，避免对他人进行侮辱和骚扰，避免对他人名誉造成损害，避免发表不负责任的言论恶意诽谤，避免过分依赖新媒体，使大学生“三观”偏离学习目标、降低学习效率，对他人产生不良影响。

高校信息监管部门携手联动，避免教育工作者产生不同程度的依赖，弱化思想政治教育中“言传”的功能，要想使大学生生活在一个生态的媒体环境中，需要设置管理关口，净化新媒体环境，加强对新媒体信息的监控和引导，对信息资源进行筛选、过滤，共同营造跨界思维的有效实现环境。

第三节　高校教育部门在新媒体时代的应变

本节内容针对我国高校和教育部门在新媒体时代的应变能力，主要讲述了高校中管理与服务的一体化和高校对新媒体危机公关的应对，然后通过教育部门对大学生思想政治教育在新媒体时代的摸索，实现我国高校教育部门对大学生思想政治教育在新媒体时代的全面转型。

一、高校管理与服务的一体化

新媒体在现代生活中的地位日趋重要，也影响和冲击了传统思想意识，带来了全新的传播方式和惊人的传播能力。高校思想政治教育工作者如何应对新媒体带来的冲击，不仅仅是管理能力的进步，更是一次思想觉悟、新闻素养等综合能力的全面提高。

高校学生管理工作的对象是正处于世界观、人生观、价值观形成的关键时期的大学生。

在大学校园里，学生的学习、娱乐甚至购物、出行等都与新媒体的使用息息相关。对于各高校的新媒体来说，主要服务对象是在校的青年学生，必须确保其“安全、健康”运行。新媒体以其高度的数字化、友好的交互性和高技术支持等优势，构筑了一个全球性、开放性的信息空间，一方面它给高校思想政治教育工作带来便利，另一方面也使我们的教育环境发生了翻天覆地的变化，也对大学生的价值取向产生了重大影响，不仅迫切需要构建新媒体平台、加强新媒体文化建设和媒介素养教育，同时也对大众传媒内容的监管力度提出了更高要求。

二、高校对新媒体危机公关的应对

随着新媒体的出现，网络时代的到来已是一个不争的事实。新媒体技术的发展使危机事件发生的频率增多、传播速度加快、范围变广，形式也发生了很大的变化，尤其是学校将可能面临网络谣言、黑客和攻击性网站等不同形式的危机。

新媒体时代，公民的自由度空前提高，任何人都可以通过邮件、网站、论坛随意地发表言论，更加剧了防不胜防的局面。学校应该采取相应的处理对策来解决这些危机。

学校只需要动员一小部分人力、物力和财力即可进行自救、化解危机，通过有计划的专业处理将危机的损失降到最低，及时消除影响、恢复信誉以及重塑学校形象等，也不会造成太大的负面影响，甚至危机公关一旦成功还能被利用，使学校在危机过后树立更良好的形象。

现如今，越来越多的学校危机都是以始料未及的态势出现在大众眼前的，资源匮乏的传统媒体反而从爆料层出不穷的网络中获取新闻素材，可见危机公关的波及面越来越大。

三、高教对育人模式的探索

随着世界科学技术的巨大进步，各种新媒体不断涌现。在新媒体环境下，新媒体作为校园主流媒体当中的主导媒体，既遭遇着新的发展困境，又面临着全新的发展机遇。高等学校借势新媒体实现全面转型，逐步树立大众文化意识，在此基础上高等教育部门对育人模式的探索也势在必行。

在急剧发展的信息技术推动下，全国高等教育在全球化与数字化的合流中历经多年发展，取得了辉煌的成就，对高教部门育人模式的发展具有重要意义。

与此同时，新媒体重新定义了教育者的角色，利用丰富资源和不断扩展的人际关系，一方面使得教育者形象更为丰满立体，另一方面也将持续推动教育者反思教学方式方法，不断提升教学质量。

在新媒体环境下，随着育人模式的不断完善，学校对信息素养、视觉素养和技术素养等关键技能的教学需求不断增长。学习者必须掌握纯熟的技术、具有团队协作精神、掌握教学要求、具备基本的设计审美、理解常用新媒体专业术语，并通过适当的教学和训练，使得信息素养、技术素养、视觉素养得到提升。毋庸置疑，新媒体素养在每个学科和专业中的重要程度持续增加，尤其是在互联网技术的推动下，以技术为媒介的交流成为常态。因此，教育部门面临提供信息、视觉以及技术素养的教学需求以及如何利用新兴技术工具创造有意义和价值的教育计划。

随着新媒体的广泛深入，学习者的背景、经验、需求等已经不同于以往，其思考方式和工作方式也和之前大相径庭。高校思想政治教育工作者需要根据学习者的基础和能力因材施教，考虑到其需求和学习能力，融入时尚创新元素，探索和开发能够吸引青年学生参与的学习模块，并对教学方法、授课内容、反馈考核等环节进行系统性的改革，使其配合更新之后的教学模式。

信息化时代，任何技术中的新进展以及由此带来的生活质量的提高都是让人兴奋和激动的，对学生和教师来说，与时俱进学习新媒体技术也能够带来身心的愉悦。

新媒体的迅速发展让“随时随地学习”的理念深入人心，促使越来越多学习方式的诞生，一方面激发了学习热情，但另一方面也使得评判学习的效果及其有效程度变得更加困难。

因此，高校可以考虑收集、管理、分类和运用与学习活动有关的数据，尽管这些过程性数据还在不断增长，而且数量极为庞大，但却不仅与学习发生相关，而且还与整个学习活动进程相关。

第四节　大学生新媒体时代的思想政治教育展望

随着时代的进步新媒体的到来已经是一种必然趋势，随着这种趋势的快速发展，新媒体已经成为一种客观规律而存在于人们的生活中，尤其是互联网的出现使得大学生的思想政治教育工作更是实现了共享原则。

一、新媒体对大学生思想政治教育的突破趋势与规律

新媒体的代际更替呈现出一定的时代特性，每一种新媒体都趋向于三大变化：门槛越来越低、平台越来越多、操作时间越来越短。

总体上，我们使用新媒体的技术门槛和资金门槛在降低，我们接触新媒体的平台在递变增多，我们操作熟悉一种新媒体的时间在缩短，社会上对新媒体的掌握呈现飞速的技术进步和社会普及之势，智能生活和人文科技的力量愈加显现。

（一）变化趋势的突破

新媒体从BBS出现开始的近20年中，我们对新媒体的发展进行梳理，1994年出现的贴吧论坛，1999年出现的即时通信工具（如腾讯的QQ），2002年兴起的博客，2004年出现的手机报，2009年出现的新浪微博，2011年出现的微信，呈现出时间的先后顺序和热门期的交替延续。

平均算来，每一个媒体之间出现界定的时间为3～4年。这3～4年体现了新媒体的变化趋势。但是我们必须清楚认识到以下几点。

1. 代际的变化规律

从代际的变化规律中，我们可以看出新媒体确实是一个更新换代极其快速的媒介群体，新的热门媒体总是在技术进步和人们焦点转移的潮流中不断涌现，而成为主流的新兴媒体又固定在少数的几类中。

2. 媒介转移的代际期待

这3～4年不是现实的时间间隔，而是一种媒介转移的代际期待。我

们可以在一种媒体引领潮流后。

由此预判，在3～4年之后会有一种新的媒介形态取代现今媒介形态的流行地位，成为引领教育大学生的新的工具。

3. 依靠特性和用户习惯

这3～4年的间隔并不意味着媒介的生命接班。新媒体作为总体的概念，是一个极具生命力的群体，依靠各自的特性和用户习惯，前一种新媒体在后一种新媒体出现之后依然会保持影响力，锁定自身用户群，这就是新媒体至今保持在新媒体前列的关键原因。

（二）契合用户需求的突破

新媒体的发展进程中，各自的优点越来越明显，伴随着的评论越来越多，而自身更新换代的速度在加快，时间间隔越来越少，由此我们得出趋势的研判，鉴别新媒体各自生存的原因。新媒体各自有其特性和契合用户使用该新媒体的体验需求。

1. 贴吧论坛

贴吧论坛由于拥有其发帖子做“楼主”、抢占“沙发”、评论“喷帖”、爆照等独特功能，成为最直接的情绪和意见发表的平台。

其内部逻辑是一个主要观点的发布由此引来共鸣或不满，用自由的语言进行抨击（喷帖）或者支持（顶帖），由此造就媒体观点的变迁。

目前，贴吧论坛仍然是网络语言和网络时尚的引爆点和发祥地，这是其他媒体无法取代的。因此，在对大学生进行思想政治教育方面，贴吧论坛是活跃因子，是思想集聚最原生态的媒介场所。

2. 即时通信工具

即时通信工具作为面对面交流的最佳替代方式，保存了交谈聊天的便捷性，减少了面对面交流的尴尬和成本。微信视频聊天、微信群聊，可以最大限度地将人群意见即时交流、反馈、酝酿、升华。面对现今越来越急需的沟通需求，即时通信是最佳的沟通工具，只有被借鉴和模仿，至今也无法被其他媒体取代。

因此，大学生思想政治教育的主客体必须依托即时通信工作进行思想交流，也必须最大方便地将人群汇聚在微信群中，交流思想。

3. 网络日志

博客等网络日志媒体演变出多种形态，但是都离不开博主、博文、博客读者三个元素。

博客书写是现今快时代下慢读写的一种坚守，是逆时代潮流而彰显独立媒体品格的平台，所以主流大众博客成为精英知识分子或者有思想的网民发表思想的绝佳场所。博客拥有足够的篇幅和深度的资讯，赢在质量而非数量。

生存之道在于每一个时代都需要有一部分人远离飞速资讯的纷扰，坐下来用一篇文章针砭时弊、探求人生、沉淀哲理。所以博客非常适合大学教师、思想政治教育工作者开拓出思想园地，将教育的智慧放置在博客中去教育大学生。

4. 手机报

手机报不同于其他四种新媒体，它是移动通讯时代的产物，由于手机的最高普及率，手机彩信、手机报、手机移动终端、手机二维码等新媒体具备比个人电脑所承载的媒体更高的普及率、更准确的通达度、更广泛的传播效应。这也是手机新媒体保持强劲趋势的核心原因。

我们进行大学生教育有大学生使用手机的良好基础，借助手机，我们可以将思想政治教育送到每一部大学生的手机上，保证全覆盖和点对点。

5. 微博微信

微博微信是目前最新的一种媒介形态，其特质——微、小、短、平、快，也成为时下潮流浪尖上的宠儿。运用微博微信不仅仅是追赶潮流，还是微博微信本身带来的思想政治教育的特性造就的。

在微博和微信中，社交、资讯、价值观、个体等因素极好地融为一体。由此带来的变化是，微博微信正成为最大的网络生活社区，紧紧联结着现实生活，微博微信世界和现实世界已如一个世界，大大方便了我们将思想政治教育带进新媒体，将思想政治教育的正能量传递开来。

（三）变化规律的突破

总体来说，未来的新媒体将延续新媒体的变化规律和用户的需求，呈现出以下特点。

1. 更具部落性

人类由领导者带领，彼此关联，抱着同样的理念，拥有共同的兴趣和沟通方式而集结在一起，形成了最初的部落。而一群人的生存形成了重要的法则——分工和合作，并随着岁月的流逝、社会的发展，延伸出专业和协同化方式。

新媒体的（诸如博客、微博）发明，就是基于人类部落的原始本性。在世界上的任意角落的一个人都可以创建一个部落，无论是专业、价值观、正在做的某事，只要有共同的理念、共同的兴趣，你上网振臂一呼（博客或者微博上传），就可以做到一呼百应。

因此，这样的集聚响应，使得未来的社会生活更加具有部落性。同仁之间的聚合和交流，在这个观念上，著名媒体学者喻国明说“这是文化相近性的一种凝聚。有兴趣的人会关注这个人，实际上就是一种分群的方式。它形成一个一个圈子之后，不同的圈子的标识会很清晰，寻找起来很有对象感和针对性”。

信息社会使得人与人、人与社会间关系更为紧密，时代的进步也使媒介的发展更为高效，新媒体和传统媒介并存使整个世界在高度信息化的文明中不断地螺旋式上升发展。

2. 更易交互化

实现交互化不仅是新媒体技术发展的未来趋势，更是人们对现代新媒体技术人性化要求的具体体现。

很少有人能够习惯坐在一台无法连接互联网的电脑前办公，相反，人们都渴望通过网络与全世界的人交流，这种渴求沟通、倾听的诉求和心理暗示，也在一定程度上推动了新媒体技术向着全方位的实现交互化的趋势发展。

不仅电脑要交互化，甚至电视、手机、MP3 等也在慢慢实现交互化。因为一台孤立的机器，无论内存和硬盘如何扩大，其容量总是有限的。人类也是一样，无论个体获取信息的能力多么强大，都无法和在群体中享受资讯交换带来的便捷和震撼相提并论。

3. 更显人性化

人性化是新媒体技术区别于传统媒体技术的特征之一，并且新媒体技术还将沿着这个方向继续发展下去。

新媒体的发展越来越“以人为本”，操作越来越简易，携带越来越便捷，无须通过复杂烦琐的前期学习即可按照标识人手操作，大大简化了上手流程。人性化的提出使得技术制造部门的生产目标发生了转折，这就是“不是为了让人去适应机器而制造机器”，而是“为了让机器去适应人而制造机器”。

新媒体需要突破的关键点就在于：一方面，如何让机器工作环境的设计更符合人类的生理和心理特点；另一方面，如何使人们在使用过程中感受到舒适和便捷。总之，更加趋于人性化的发展也是新媒体技术的发展趋势之一。

4. 更加即时化

由于未来无线网络的覆盖，全球更多的人口都是网络的永久用户，每个用户都拥有网络服务的功能，还有网络视频的功能，届时无线网络将会变得无比强大。

另外，用户也将对网络的搜索功能提出更高的要求，会有更多的搜索引擎产生，特别是智能引擎的产生，打破谷歌、百度的垄断。

同时，将来的搜索引擎技术将可以匹配视频、影片、音乐等多种多媒体搜索材料，甚至可以将拍摄的资料自动上传至网络云服务中心，想观看时可以随时通过服务器观看。

二、三网融合与大学生思想建设环境的构建

计算机通信网、电信网和广播电视网通信网络的融合渗透和兼容整合逐步成为统一的信息通信网络即三网融合。

（一）三网融合对大学生思想政治教育突破的意义

传统校园网、数字校园大多处于局域网环境状态，师生只能在校内使用，三网融合，对大学生思想引领的整合优化意义重大。

手机、电脑和电视，可以无限制地使用学校提供的云平台，成为大学校园广泛参与的集工作、学习、生活为一体的一体化网络。但是，我们也应该清醒地认识到对于大学生信息的保护，信息和网络通道变得庞大和复杂，因此网络信息保护工作有了更高要求。

（二）三网融合的监管方式对大学生思想政治教育突破的重要性

加强网络内容的安全能力建设，强化思想政治教育舆论宣传的主要渠

道。改进和完善信息内容的监管方式，把媒体放置于统一的开放的业务体系中。

三网融合的发展必须将重要媒体和传统、封闭的广电网纳入其中，减少媒体业务中对内容篡改、插播等问题。

三、云计算与大学生思想政治教育资源的共享

（一）云计算的概念

大量用网络连接的计算资源统一管理和调度，谷歌公司（Google）提出通过网络以按需、易扩展的方式获得所需资源和服务。

教学资源共享程度低，速度慢、成本高和分布不均，是高校思想政治教育资源建设的几个大问题。加快国内高校思想政治教育水平是国内首要问题，云计算软件、互联网和IT，或者其他服务，是构成一个计算资源池向用户按需服务。

（二）未来对云计算的规划

1. 云计算将高校融为一体

将教育信息资源存储在云上，各大高校的教学系统互帮互助，齐头并进，使优质的思想政治教育信息资源的共享更为方便与快捷。

通过云计算网络相互连接一定区域和范围内的高校，云计算将高校划为一个整体，统一所需资源和信息。

2. 集中储存云计算

由专业团队负责，随时通过新媒体与他人分享，实现教育信息资源的共建、共享，所有数据都被存储在规模庞大的数据中心。

避免用户使用资源库孤岛现象，比较充分地挖掘出“云”计算的协同工作能力，各种终端之间的数据可以非常方便地进行同步。

四、物联网对大学生思想政治教育管理的监控

（一）物联网落地的领域之一是高校

高校是物联网新型技术的主要领域之一，主要是为了方便日常工作和

生活，在我国目前很多高校已经通过各种方式和途径，获得了集成化、智能化、信息化和网络化等的先进技术，物联网较早就落地的领域之一就是高校。主要体现在卫星定位、红外激光、传感射频、无线通信、编码认证、自动识别等高新技术的使用。

1. 物联网在大学校园的具体应用

物联网对大学生的思想政治教育管理不仅是体现在教育上，还体现在具体应用上，比如大学生的手机等，都是物联网在大学校园的具体应用。

物联网在大学校园的应用不仅体现在学生身上，为了方便学校管理，物联网进行安全统一管理，实行门禁出入、就餐使用饭卡等。

2. 未来物联网的展望

辅导员可利用物联网系统，了解学生餐卡的消费情况，反馈学生图书借阅情况，使辅导员的谈心工作更有针对性等。

建立保障和监控体系，完善学生管理的组织系统、评价和考核系统，真实反映学生的家庭经济情况，随时了解学生的思想动态，对学生的学习、生活情况进行统计。

（二）以互联网为首的新媒体

以互联网为首的新媒体出现后，美国《连线》杂志对新媒体的定义是“所有人对所有人的传播”。

1. 新媒体开始有针对性地投放信息

由于社会个体经济、教育水平的差别与兴趣爱好各不相同，在新媒体技术推动下，诠释了自由、开放、合作的互联网精髓，有针对地投放信息。形成了不同的社会群体，衍生了公民意识，推动了公民社会的发展成熟。

新媒体使资讯暴涨，打破了以往信息传递中自上而下的金字塔结构，推动了扁平化资讯分享的模式，甚至由此强化了民主、平等、自由等理念，新媒体在一定程度上能够帮助人们在虚拟社会中探索建构理想社会的可能性。大众传媒作为现代社会的支柱之一，在信息社会和新媒体时代尤其显得举足轻重，而人类更是对其远景和未来充满信心。

在联合国信息社会世界高峰会议一致通过的《原则宣言》中对信息社会的未来有着这样一段表述：“在此信息社会中，人人可以创造、获取、使用和分享信息和知识，使个人、社区和各国人民均能充分发挥各自的潜力，促进实现可持续发展并提高生活质量。”和联合国的美好祈愿一样，我们也憧憬未来的思想政治教育，由于新媒体的介入和运用，学生和教师能共同创造，使得信息和知识的分享变得迅速快捷，使得学习的兴趣空前高涨，使得学生、教师以及学校均能发挥各自的潜力，使得高校思想政治教育工作变得轻松有趣。

2. 多种媒介力量求同存异

新媒体时代是新旧媒体相继传承的结果，也是多种媒介力量求同存异的结果。2008 年北京奥运的口号是“同一个世界，同一个梦想”，表述的是求同的愿望；2012 年伦敦奥运会口号是“一个城市就是一个世界”，表述的是存异的思考。

新媒体就是在社会求同存异的双向推动下不断向前发展。伴随着信息化革命的继续推进，我们能够让新媒体有更加光明和灿烂的未来。

参考文献

[1] 杨建义. 大学生思想政治教育路径研究 [M]. 北京：社会科学文献出版社，2009.

[2] 万美容. 思想政治教育方法发展研究 [M]. 北京：中国社会科学出版社，2007.

[3] 罗洪铁. 思想政治教育专题研究 [M]. 北京：中央文献出版社，2007.

[4] 徐志远. 现代思想政治教育学范畴研究 [M]. 北京：人民出版社，2009.

[5] 仓道来. 思想政治教育学 [M]. 北京：北京大学出版社，2004.

[6] 郑永廷，高国希，等. 大学生自主创新理论与方法 [M]. 北京：人民出版社，2010.

[7] 张再兴. 网络思想政治教育研究 [M]. 北京：经济科学出版社，2009.

[8] 教育部社会科学研究与思想政治工作司. 思想政治教育学原理 [M]. 北京：高等教育出版社，1999.

[9] 张耀灿，陈万柏. 思想政治教育学原理 [M]. 北京：高等教育出版社，2007.

[10] 徐建军. 大学生网络思想政治教育理论与方法 [M]. 北京：人民出版社，2010.

[11] 罗洪铁，董娅. 思想政治教育原理与方法基础理论研究 [M]. 北京：人民出版社，2005.

[12] 贺才乐. 思想政治教育载体研究 [M]. 武汉：湖北人民出版社，2004.

[13] 陈秉公. 思想政治教育学原理 [M]. 北京：高等教育出版社，2006.

[14] 石书臣. 现代思想政治教育主导性研究 [M]. 上海：学林出版社，2004.

[15] 刘新庚. 现代思想政治教育方法论 [M]. 北京：人民出版

社，2008.

[16] 周军，杨明然. 人生观与人生价值观概论 [M]. 天津：天津科技出版社，2008.

[17] 刘剑文. 世界观人生观价值观 [M]. 青岛：中国海洋大学出版社，2006.

[18] 张世欣. 思想政治教育规律论 [M]. 杭州：浙江大学出版社，2008.

[19] 王学俭. 现代思想政治教育前沿问题研究 [M]. 北京：人民出版社，2008.

[20] 黄钊. 儒家德育学说论纲 [M]. 武汉：武汉大学出版社，2006.

[21] 张耀灿，郑永廷，等. 现代思想政治教育学 [M]. 北京：人民出版社，2006.

[22] 郝文清. 现代思想政治教育学 [M]. 合肥：合肥工业大学出版社，2008.

[23] 荆忠岭. 全球化语境下我国民族文化面临的形势和对策 [J]. 枣庄师范专科学校学报，2002 (3)：35.

[24] 万长军. 改革开放以来思想政治教育载体研究述评 [J]. 理论月刊，2009 (8).

[25] 尹春源. 议社会环境对高校学生工作的影响 [J]. 中国轻工教育，2004 (3)：65.

[26] 戴嘉宝，汪军洪. 高校扩招后学生思想政治工作面临的问题及对策 [J]. 国家高级教育行政学院学报，2002 (3)：61.

[27] 冯刚. 高校思想政治教育创新发展研究 [M]. 北京：中国人民大学出版社，2009.

[28] 吴广宇. 中外思想政治教育目标比较及其启示 [J]. 中国青年研究，2009 (11).

[29] 项久雨. 思想政治教育价值论 [M]. 北京：中国社会科学出版社，2003.